Du même auteur :

Du bon usage de la psy, Editions Ellébore

Moi, le bonheur et la psy, Editions Ellébore (épuisé)

Porteuses de Lumière, roman, sur Amazon.

ISBN 978-2-9548242-2-2
Nouvelle édition 2014

Brigitte MINEL

Nos enfants et les dangers du seXe

Comprendre la sexualité de nos enfants et
nos adolescents

Je remercie mes amis pour leur aide et leur soutien.

Mise en garde

Ne sautez en aucun cas cette page !

Ce que ce livre va vous révéler des activités sexuelles des enfants, des plus préoccupantes aux plus banales mais toxiques, peut vous étonner, vous choquer et vous donner l'envie d'en savoir plus sur la sexualité de vos propres enfants. C'est pourquoi je souhaite vous mettre en garde dès le début contre toute réaction intempestive.

Tout au long de ma carrière, des adultes et des enfants m'ont raconté comment ces actes, les leurs, ceux d'autrui, ont perturbé leur sexualité, leur capacité à aimer et parfois brisé leur vie.

Si vous lisez cet ouvrage en prévention, vous apprendrez à quelles difficultés votre enfant peut être exposé et vous l'en protégerez plus habilement.

Quoi que vous découvriez ou suspectiez, je vous invite à lire cet ouvrage en entier avant d'aborder le sujet. Vous risquez, en intervenant de façon prématurée, de stigmatiser ce qui doit être dénoué avec douceur, dans une approche pleine d'empathie, avec recul et objectivité. Bien des enfants et des adultes ont été finalement autant traumatisés par la réaction de leurs parents que par ce qu'ils ont subi ou fait.

Un parent doit savoir rester accueillant et

aimant quand bien même son enfant est abuseur et abusé.

Si votre lecture vous confirme que votre enfant a un réel problème et que vous avez toujours peur d'aborder le sujet de façon maladroite, emmenez l'enfant consulter.

Rencontrez en tête à tête le/la psychothérapeute ou psychopraticien-ne, pour vérifier que vos points de vue concordent. En effet, les « psys » n'ont pas tous la même approche. Etrangement, les psychiatres, psychologues ou psychothérapeutes, ne reçoivent aucun enseignement philosophique, ainsi ce qui est considéré comme « sain » est laissé aux croyances personnelles.

J'entends par « sain » la découverte de l'amour et de la sexualité vécus à un âge de maturité, et qui n'est pas mécanique et pas forcément performant comme dans la pornographie.

Ce livre peut aussi raviver en vous certains souvenirs pénibles, susciter des questionnements qui doivent alors être l'occasion d'un « travail sur soi ». Si vous avez un vécu particulier, si vous ressentez une blessure en vous, si un ascendant de l'enfant a été abusé, je vous encourage vivement à entamer ce travail.

Je vous exhorte dans tous les cas à ne pas laisser

traîner cet ouvrage, qui ne s'adresse qu'aux adultes, sous le prétexte de pouvoir attirer l'attention des enfants, des adolescents, et entrer en matière. Si vous souhaitez l'appui d'un texte adapté, vous en trouverez dans le commerce et je prévois la publication d'un tel ouvrage pour les petits.

Pour amorcer le dialogue, essayez de trouver les mots qui conviendront le mieux à votre enfant et respecteront sa pudeur. Sachez qu'un enfant abusé est encore plus pudique qu'un enfant indemne.

Un dernier aspect demeure, celui de savoir ce que vous souhaitez transmettre. Quel que soit votre degré de liberté face à la sexualité, quel soit votre approche personnelle, il est bon pour l'enfant de préserver un idéal de fraîcheur, tout en lui permettant une liberté d'expression.

C'est le point de vue que j'adopterai dans mes propos. J'entendrai par le terme « abus » l'abus sexuel par l'usage de la force, l'intimidation, le chantage, la séduction, la peur, la surprise, l'emprise émotionnelle. Ou tout simplement l'abus de pratiques sexuelles par des enfants trop jeunes.

Outre l'abus, mes propos nous emmènerons dans les sphères de la pornographie, la masturbation compulsive, la séduction, auxquelles sont confrontés les enfants au quotidien, sans que nous ne le suspections toujours.

J'ai écrit ce livre parce que je me suis sentie de plus en plus sensibilisée et émue, au fil des années, par le nombre d'abus. L'abus rapporté par les patients adultes, je pouvais le concevoir, leur enfance se situant à une époque où l'on parlait peu de sexualité... Chez les enfants, NON !
Trop nombreux sont les enfants encore victimes !

J'aimerais que ce livre soit lu par tous les parents ! Qu'ils sachent ce que j'ai entendu... Qu'ils donnent à leurs enfants le moyen de se défendre !

Je rêve d'une grande chaîne humaine de parents conscients qui protègeraient tous ensemble l'innocence de nos enfants.

Au-delà de la pédophilie

Votre enfant est peut-être victime d'inceste, sans que vous le sachiez. Victime ou... acteur ?

Entre 9 et 12 ans, Julien[1], un garçon un peu anxieux mais calme, passera toutes ses nuits dans le lit de sa sœur. Avec elle il s'adonnera à des attouchements sexuels poussés jusqu'à l'orgasme. Sa sœur est son aînée de deux ans.

Vous vous dites que Julien est probablement déséquilibré ou certains penseront ou prétendront au contraire que c'est anodin. Ni l'un ni l'autre ne sont vrais.

Ces souvenirs sont terriblement pesants, d'autant plus qu'il n'y a pas eu de violence et qu'il aime beaucoup sa sœur. Jamais ils n'ont réussi à en parler. Ce non-dit est lourd entre eux et toute relation intime avec une femme lui est impossible.

Julien, adulte sympathique, bien intégré socialement, se décrit comme ayant été un adolescent pondéré et réservé. Il n'a rencontré aucune difficulté scolaire et n'a jamais été turbulent. Il travaille aujourd'hui comme comptable.

---

1   Pour des raisons de confidentialité, tous les prénoms ont été modifiés.

9

Thibault, cadre supérieur en informatique, vient me consulter pour des problèmes de couple. Durant une séance il éclate en sanglots. Lors de vacances, âgé de huit ans, ses parents l'ont fait dormir dans le même lit que son frère aîné, qui l'a incité à lui faire une fellation.

Thibault s'est exécuté. Ne connaissant pas le phénomène de l'éjaculation, il a cru que son frère lui faisait pipi dans la bouche.

Ninon, étudiante, m'explique qu'à 17 ans, après une soirée bien arrosée, dans la grande maison familiale pleine de copains qui couchaient là, elle partage le lit parental avec son frère. Ils ont fait l'amour. Sous des apparences désinvoltes, elle ne s'en remet pas. La relation avec son frère dès lors est entravée par la gêne et le malaise. Aujourd'hui elle se prête à des relations sexuelles sans lendemain qu'elle vit comme dégradantes, fume trop, du cannabis aussi, et boit régulièrement.

Les familles de ces trois personnes ne sont pas défavorisées et les parents n'ont jamais divorcé.

Par les médias, nous connaissons de mieux en mieux le douloureux problème de l'inceste, perpétué par l'adulte sur l'enfant, mais moins les abus entre enfants, et qui sont pratiquement aussi courants.

Ces relations sexuelles entre frères et sœurs, frères et frères, quasi frères et sœurs, cousins et cousines, parfois enfants d'un même voisinage, enfants des amis des parents, ne sont jamais anodines et bouleversent émotionnellement les enfants et leurs familles. Certaines, mais rarement, se terminent aux tribunal pour enfants, mais la plupart restent non-dites.

Pour donner rapidement quelques chiffres, il apparait d'après un sondage IPSOS du 16 et 17 janvier 2009 que 3% des français et même 5% des femmes auraient été victimes d'inceste.

Selon les chiffres issus du Bulletin 2000 du Collectif Féministe contre le Viol, 45.9% des victimes auraient moins de 15 ans. Il s'agirait majoritairement de filles. Les agresseurs sont de sexe masculin à 96,3 %. La plupart des agressions ont lieu au domicile de la victime, 67,7 %. Et 74 % des victimes connaissaient leur agresseur.

Ces chiffres sont bien en-deçà de la réalité. AUCUN des patients, qui m'ont rapporté avoir subi l'inceste, n'avait porté plainte. En outre ces victimes n'accepteraient pas de répondre à un tel sondage et n'ont appelé aucun centre d'accueil. Elles évitent de se confronter à tout ce qui leur rappelle ces moments douloureux. La honte et la culpabilité scellent leur secret.

Bien sûr, on ne répertorie pas le nombre d'enfants « agresseurs ». Peut-on imaginer un sondage qui demanderait : « Avez-vous jamais agressé sexuellement une personne de votre entourage ? »

Donc, si 5 % des femmes disent avoir été victimes d'inceste, et que l'on ajoute les enfants agresseurs, en incluant les agressions non-incestueuses, et en considérant qu'un enfant agresseur puisse en agresser plusieurs, on peut probablement facilement doubler le chiffre et ainsi considérer que plus de 10 % des enfants ont commis ou subi l'inceste ou des abus. Au moins un enfant sur dix, trois dans chaque classe !

Si les médias attirent notre attention sur les « tournantes » des cités, sachez que parmi mes patients évoluant dans des milieux bourgeois feutrés, ces choses existent au quotidien.

Robin a 22 ans, il est étudiant. Ses parents le laissent seul et partent au ski hors vacances scolaires. Robin est un jeune homme très raisonnable, un peu timide et réservé, et sa mère s'interroge. Pourquoi n'a-t-il jamais eu de petite amie alors que son frère cadet vit déjà quasiment en couple ? A leur retour, les parents trouvent Robin angoissé, en proie à des crises de sanglots. Il n'a pas supporté la solitude, a paniqué et cette émotion est devenue si violente qu'elle a libéré des souvenirs enfouis. Il raconte alors à ses parents que petit, chez la nounou, pendant que sa mère et « Tata » discutent sur le pas de la porte, les deux étant très bavardes me raconte la mère, le fils de cette dernière l'attirait dans sa chambre, sous prétexte de lui montrer des jeux vidéo, et l'obligeait à des fellations.

Ça ne peut pas
arriver chez moi !

Vous vous dites que ça ne peut pas arriver chez vous, que vos enfants ne feraient jamais cela et pourtant...

Je suis chez mon amie Marie, nous discutons dans sa cuisine pendant que ses deux petits prennent le bain. Emma a trois ans et Hugo six. La porte de la salle de bains est entrouverte et nous les entendons rire et jouer. Nous sommes absorbées dans notre conversation. Un quart d'heure passe. Marie va les sortir du bain. Elle m'invite à la suivre. Elle sort les petits, les enveloppe dans d'adorables peignoirs. Ils sont vraiment trop mignons.

Emma est très bavarde et communicative : « Maman, tu sais ce qu'Hugo vient de faire ? Il a voulu mettre son doigt dans ma nénette ! Alors je lui ai dit qu'il y avait une petite souris au fond qui allait le mordre ! »

Marie me regarde et ne sait que répondre. Elle ne veut pas culpabiliser Hugo. Mais elle sent qu'elle ne peut pas laisser la situation telle quelle.

« Hugo, tu ne dois pas faire cela. Tu ne dois pas toucher ta sœur à cet endroit ! »

Marie prend conscience qu'elle ne peut plus

laisser les enfants prendre le bain ensemble, mais elle a peur, en intervenant maladroitement, qu'Hugo puisse interpréter l'interdit comme une censure générale de sa curiosité sexuelle, ce qu'elle ne souhaite évidemment pas.

Marie m'avoue qu'il lui est difficile d'expliquer à ses enfants comment ces « choses-là » fonctionnent. Elle attend qu'ils l'interrogent.

Mais peu d'enfants posent spontanément des questions sur la sexualité. Même s'ils ont des sensations aux niveaux des organes génitaux, du ventre, et l'envie de les explorer, ils n'ont pas idée de l'univers de la sexualité. Et pas du tout l'idée qu'il existe un lien entre ces sensations et la naissance des bébés.

Peu d'enfants disent : « Papa, mon zizi devient dur, pourquoi ? » ou « Maman, je ressens une sorte de chatouillis dans le ventre, c'est quoi ? » **Ces sensations existent depuis toujours dans leur corps, de façon diffuse, sans qu'ils imaginent toute l'étendue de la réalité qu'elles recèlent de façon embryonnaire.**

Ils ne connaissent pas non plus les règles relatives à l'accouplement dans les sociétés humaines et sont là tout neufs, avec juste des sensations rigolotes ou plus pressantes. Une soif de découverte et parfois des pulsions sexuelles plus agressives dont ils ne savent que faire.

Quand sa fille et le fils de son mari avaient cinq ans, Viviane les a trouvés tout nus dans le lit. Ils rigolaient et, ne sachant comment se comporter, elle a ri avec eux. Mais en grandissant, Sébastien, âgé aujourd'hui de douze ans, se révèle extrêmement excité. Il s'agite ou fait des bruits démonstratifs et grossiers devant toute image de corps de femme, de sensualité, de baisers, de couple. Elle n'a pas mis Chloé en garde et a du mal à canaliser Sébastien qui n'est là qu'un weekend sur deux. A chaque weekend, tout est à recommencer. Son mari semble aveugle au comportement de Sébastien et se montre surprotecteur. Je lui explique qu'il est important qu'elle informe Chloé que les garçons peuvent lui porter une attention qui pourrait dépasser ses espérances.

Valérie reçoit Maxime, le copain de son fils Valentin, huit ans. Ils souhaitent dormir dans le même lit. Lorsqu'elle passe devant la chambre, elle entend des gémissements et trouve Valentin et Maxime enlacés, mimant l'acte sexuel. Maxime a deux frères adolescents et tous deux ont des petites amies. Elle suspecte qu'il a été exposé à des scènes érotiques. Elle intime aux enfants de se calmer et installe Maxime dans la chambre d'amis.

Valérie a subi de l'abus lorsqu'elle était enfant. **Elle sait qu'aller trop loin et trop tôt dans l'exploration de la sexualité, avec les mauvais partenaires, est un fait à la fois banal mais hautement traumatisant.**

Découvertes choquantes

Je croise ma voisine et son fils de neuf ans, Lucas. Elle me raconte qu'à la sortie de l'école, Lucas lui a annoncé avec beaucoup d'émotion qu'un garçon de sa classe avait apporté un magazine « dégoûtant » dans lequel il y a des dames toutes nues et cuisses écartées.

Elle est retournée sur ses pas et en a aussitôt parlé à la maîtresse qui voyait très bien de quel enfant il s'agissait. Ma voisine a suggéré que cet enfant a probablement un grand frère qui explore ce genre « littéraire ». La maîtresse a soupiré... Cet enfant n'a pas de frère aîné. Elle va avoir la difficile tâche de confronter la maman qui vient chaque jour chercher son fils à l'étude.

Mon fils de 10 ans revient de chez un copain, les larmes aux yeux. Le garçon, un peu plus âgé, l'a invité à jouer à des jeux vidéo sur son ordinateur. Alors que mon fils tente de délivrer la princesse, le garçon a soudain attiré son attention vers la télévision sur laquelle il venait de démarrer un DVD porno. Mon fils s'est sauvé en courant jusqu'à la maison et est venu vers moi meurtri. J'aurais pu prendre cet événement à la légère, lui dire que ces choses-là sont banales ou qu'il en verra d'autres.

Mais non. Il était important de réagir.

Lorsque j'ai informé le père du garçon, j'ai été stupéfaite de découvrir que non seulement il était parfaitement au courant mais qu'il trouvait cela « normal ». « Il faut bien qu'ils sachent ! » me dit-il.

Anaïs, 11 ans, une petite patiente, me raconte que pour un exposé elle a travaillé sur l'ordinateur de son père. Farfouillant dans la banque d'images, elle est tombée sur des photos de femmes nues, dans des poses qui l'ont dégoûtée et choquée.

Une patiente me raconte que son fils de huit ans cherchait sur internet la bande-annonce d'un film pour enfants et que des liens pornographiques sont apparus sur le côté de l'écran.

Certains enfants grandissent dans un univers très, trop sexualisé.

Un père, dans le cadre familial, raconte sans cesse des blagues de sexe et rit grassement avec ses copains. Ce genre de blagues, généralement sexistes, donne à l'enfant une image de la sexualité déconnectée de l'amour. Ce même père peut, par ailleurs, se sentir extrêmement mal à l'aise de regarder avec son enfant un film avec une scène un peu érotique et très sentimentale, où les partenaires semblent partager de vrais sentiments. La blague est une prise de distance par rapport à la sexualité et à autrui. Le père vit l'amour de manière évitante. Seulement excité, il est non seulement incapable de confiance et de lâcher-prise, mais ne peut accéder à l'intimité dans la relation amoureuse, et ne supporte pas la scène d'amour. Je parle ici d'intimité émotionnelle. Seul le « cul » est acceptable pour lui, non la rencontre qui implique tous les niveaux de l'être.

Une patiente m'explique que sa mère avait une attitude ouvertement séductrice avec les hommes et rencontrait de nombreux partenaires sexuels qu'elle faisait dormir dans le studio dans lequel elles vivaient toutes deux. Un simple paravent séparait leurs deux lits.

La gamine entendait les ébats de la mère et s'en trouvait excitée et à la fois dégoûtée.

De manière générale, on doit souligner que dans la conception que les gens ont du foyer, la plupart ont l'idée que c'est un espace intime, réservé, où l'on se « lâche » : disputes sonores, usage des WC porte ouverte, relâchement corporel (pets, éructations...).

L'attitude de ces parents est de l'ordre de l'abus sexuel psychologique.

D'autres parents se livrent à des ébats en dehors

de la chambre lorsque les enfants sont présents dans la maison. Une patiente, Lucie, me raconte qu'enfant, se rendant aux toilettes un soir, elle les surprit. La mère se tenait les deux mains à la table de la salle à manger et le père la prenait par derrière. Ce n'est pas l'entrecuisse qui frappa le regard de Lucie, mais l'impression de soumission de la mère et d'agression du père. « C'était une vision horrible », me dit-elle.

Certains patients sont traumatisés d'avoir entendu leurs parents « hurler ». Enfants, ils ne comprenaient pas ces cris qui ressemblaient à de la douleur. Corinne raconte que chaque soir, elle subissait les hurlements orgasmiques de sa belle-mère, malgré l'insonorisation de la chambre des parents et le port de bouchons d'oreilles ! Corinne ressentait dans son corps ce qu'elle formulait enfant comme une « drôle d'envie de faire pipi ».

Spontanément, aucun enfant n'aime se trouver confronté à l'univers sexuel des adultes. Si plus rarement il semble y prendre goût, c'est après avoir été choqué et happé par l'excitation provoquée en lui et qui lui a été IMPOSÉE.

Dans la notion de « y prendre goût », on doit avoir à l'esprit que l'enfant ne prend pas goût à une vie sexuelle, mais qu'il peut parfois aimer l'illusion de pouvoir sur l'adulte ou l'abuseur, ou encore le fait de jouer à la grande personne. **Il n'est en aucun cas responsable de ce qui lui arrive.**

Toutefois on peut se faire la réflexion qu'il est parfois difficile d'éviter aux enfants toute exposition à la sexualité des parents. Et se demander si c'est nécessaire. Je crois que l'important est que cette exposition reste ténue.

Les enfants ne sont pas traumatisés par quelques soupirs, par la couette qui « fait le gros dos », par des signes de complicités amoureuses. C'est même quelque chose qui les rassure, les gêne un peu mais les fait rire.

Lorsque leur univers est sécurisant et affectueux, ils peuvent s'exprimer librement en disant que... c'est « dégoûtant ! »[2] Sachez qu'un enfant réellement dégouté et violé dans son intimité n'arrive pas à le formuler. Aucun des enfants cités plus haut n'a pu dire : « J'en ai assez des blagues de sexe ! », « Qu'est-ce que vous faisiez dans le salon ? », « Je n'en peux plus de vous entendre au lit ! »

---

2 Le sexe est de façon normale « dégoûtant » pour l'enfant, tant qu'il n'a pas atteint hormonalement la maturité sexuelle.

Les enfants ont toujours une vision de l'amour très romantique[3]**.** Ils aiment ce qui est gracieux, les couples qui dansent, se tiennent par la main, les regards amoureux, les mariages. Ils aiment toutes les apparences de l'amour, parce qu'ils n'en sont qu'à l'apparence justement et à la phase d'exploration.

Ils ont une curiosité sexuelle qui est purement un désir de découverte de l'anatomie et ils aiment la sensualité. Ils explorent leur corps petit à petit parce que c'est rigolo ce zizi qui durcit. Et la petite fille sent que ça chatouille dans la petite bouche du bas.

Aucun enfant ne sort indemne d'une découverte qui ne suit pas son rythme.

En écoutant tous ces témoignages, on réalise que si le rythme importe, le style aussi.

Le rythme, parce que l'enfant a besoin de comprendre pas à pas ce qu'est la sexualité, ce qui l'attire et le fascine de façon grandissante au fil du temps.

Pourquoi le style ? Parce que tous les adultes ont un style de sexualité différent et qu'il faut

---

3 Une professeure de français assure qu'en 4ème, dans le cadre de choix de poèmes, les garçons de 14 ans préfèrent spontanément ceux qui ont trait à l'amour romantique.

préserver l'enfant, pour qu'il ait **la liberté de choix** quand il sera mature.

Le problème est que nous ne pouvons totalement empêcher que nos enfants soient exposés à ce genre d'images choquantes ou d'informations, même si nous sommes vigilants à préserver une certaine pudeur. Et le danger se fait croissant principalement par les médias et l'internet.

Dans le passé, les enfants étaient aussi exposés à la sexualité, mais cette exposition était « crue », non perverse et réductrice.

Une de mes patientes a grandi dans une ferme où elle voyait les cochons s'accoupler. Elle en tirait une excitation au point qu'elle cherchait souvent à mettre le mâle parmi les femelles. Quand ses parents la surprenaient, elle se faisait disputer. Elle n'était pas tout à fait consciente de ce que cela déclenchait en elle, mais quand elle en parle aujourd'hui, elle réalise qu'elle était « fascinée ». Elle « aimait cela », dit-elle.

D'autres m'ont raconté qu'elles avaient vu passer leur père nu, en érection, sur le chemin de la salle de bains. Le père imaginait ses filles endormies. Elles avaient ressenti du dégoût et de la peur devant ce sexe « immense et rouge », qui ne ressemblait en rien au zizi des petits garçons.

D'ailleurs les enfants n'aiment même pas voir les parents aux toilettes car l'aura des parents s'en trouve chamboulée.

En revanche, aucun patient ne m'a dit avoir été traumatisé par l'image d'un bébé que l'on change. J'ai même souvent vu les enfants rire, lorsque le bébé fait pipi et arrose son entourage. C'est dire combien le rythme est essentiel.

Ce qu'il faut retenir, c'est que si les enfants ont des sensations, de la curiosité pour les choses du sexe, ce qui leur fait du mal c'est quand leur rythme n'est pas respecté, ou que ce qu'ils découvrent ne cadre pas avec le connu.

Les enfants n'ont pas besoin d'une vie sexuelle ou d'y être exposés. Ils découvrent, rêvent, ressentent et il est important qu'ils soient protégés pour vivre ces étapes tranquillement.

Les images internes et intimes de la sexualité naissent de l'environnement dans lequel on a grandi, de la famille, du vécu personnel, de l'apprentissage de la sexualité.

La question à vous poser aujourd'hui est : quelle

image souhaitez-vous que vos enfants aient de la sexualité ?

Etes-vous prêt(e) à anticiper pour protéger vos enfants, pour armer vos enfants contre les dangers du sexe ?

Louis, âgé de trois ans, est amené par sa maman en thérapie. Depuis quelques temps, Louis s'endort en positionnant dans son pyjama un nounours entre ses cuisses et un autre entre ses fesses. Cette mère est inquiète : aurait-il assisté à des ébats sexuels ? La maman m'explique être séparée du père et qu'il vit de nouveau en couple. Elle sait que son ex-conjoint ressent une excitation particulière lors de rapports sexuels en présence, ou dans la proximité, d'autrui. Elle se demande ce que Louis a vu, dans la mesure où le logement du père est exigu.

Malgré ses questions à l'enfant, elle n'a pas obtenu de réponses. Louis a-t-il été exposé ? Est-il simplement anxieux ? Recherche-t-il à travers l'auto-érotisme un apaisement ? Si elle ne veut pas faire intrusion dans la nouvelle vie de son ex, elle sent que, pour le bien de l'enfant, elle n'a pas le choix. Elle va donc devoir aborder le sujet avec le père, en espérant susciter sa vigilance.

Protéger son enfant commence par un discours

positif sur l'amour et son expression. L'enfant en déduira par contraste, et en partie de lui-même, ce qui est toxique.

Si on ne peut empêcher l'oncle Bertrand de raconter de lourdes blagues de sexe, on peut ne pas en rire et lui demander de se modérer devant les enfants. S'il s'entête, on les envoie jouer dans la pièce d'à côté, et surtout on leur explique que l'oncle Bertrand a un « petit problème ».

De même, on peut enseigner à ses enfants le fait que certaines personnes ont une image dévalorisée de l'amour physique. Il faut alors leur donner des exemples proches de ce qu'ils connaissent. Leur expliquer par exemple que certains mangent de différentes manières et que c'est pareil pour l'amour.

Je vous invite à vous remettre mentalement dans la vision du sexe que vous aviez enfant.

Qu'est-ce qui vous a choqué ? Intrigué ?

Quelles questions vous posiez-vous secrètement ?

Retenez aussi que la curiosité pousse les enfants à explorer... Que peuvent-ils voir par le trou de serrure de votre chambre ?

L'interdit de l'inceste, connais pas !

« L'incestueux est comme le ver de terre, disent les Jivaros[4], il rentre dans le premier trou venu. »

L'interdit de l'inceste n'est pas naturel mais culturel. Le petit d'homme s'accouplera possiblement avec sa sœur si nous ne le lui apprenons pas.

Si l'enfant intègrera au fil du temps qu'on ne doit pas avoir des rapports sexuels avec les personnes qu'on ne peut pas épouser, ce lien peut lui être difficile à établir.

Chez les humains, l'interdit de l'inceste est universel, à une exception près. Les pharaons sont connus pour s'être mariés entre frères et sœurs.

Mais l'interdit de l'inceste vient contrarier l'instinct.

C'est principalement une institution sociale, même si on peut observer des formes de réserve chez certaines races d'animaux.

De quand date-t -il ? Où a-t-il débuté ?

---

4   Peuple d'Amazonie.

On pense qu'il aurait eu pour but l'exogamie[5], et ainsi de faciliter les échanges entre les groupes humains. Les textes religieux - nos premières lois - fixent ces règles d'interdit de l'inceste. C'est dire combien il n'est ni naturel ni évident.

Regardons rapidement l'aspect juridique. Depuis la Révolution française, l'inceste ne tombe plus sous le coup de la loi pénale (depuis février 2010 il semble que l'inceste sur les mineurs tombe de nouveau possiblement sous la loi pénale) entre personnes consentantes et majeures civilement. Mais la répression est assurée par le truchement d'autres infractions.

Depuis l'entrée en vigueur du nouveau Code pénal en 1994[6], la qualité d'ascendant ou de personne ayant autorité est ainsi une circonstance aggravante du viol, et pénalement réprimée. De

---

5 L'exogamie est le fait de se marier en dehors de son groupe.

6 Viol : CP, art. 222-24,4° ; Agression sexuelle : CP, art. 222-28,2° pour les victimes de plus de 15 ans et CP, art. 222-30,2°pour les victimes de moins de 15 ans ; atteintes sexuelles sur le mineur de moins de 15 ans : CP, art. 227-26,1°. La qualité d'ascendant ou de personne ayant une autorité sur la victime est en revanche un élément constitutif de l'atteinte sexuelle sur mineur de plus de 15 ans, âge à partir duquel les rapports sexuels ne sont plus répréhensibles : CP, art. 227-27,1

même, pour les autres agressions sexuelles et les atteintes sexuelles sur mineur de moins de 15 ans. A partir de cet âge, les rapports sexuels ne sont plus répréhensibles.

Quand un frère et une sœur de plus de quinze ans et de moins de dix-huit ans avaient des rapports sexuels consentis, ces rapports n'étaient pas condamnés avant 2010. Néanmoins, ils ont toujours été condamnés par la morale populaire et sont donc inavouables.

Pour les plus jeunes, de 10 à 18 ans, on peut soit prononcer une sanction éducative ou une peine pour les 13-18 ans, peine qui tient compte de l'atténuation de la responsabilité des mineurs.

Le mineur de moins de 13 ne peut être placé en garde à vue. A titre exceptionnel, les mineurs entre 10 et 13 ans, soupçonnés d'avoir commis un crime ou un délit puni d'au moins 5 ans d'emprisonnement, peuvent être "retenus".

Cependant cette retenue ne peut excéder 12 heures et n'est qu'exceptionnellement renouvelée pour la même durée.

A l'état de nature et en suivant son instinct, on peut tout à fait désirer sa sœur, son frère, sa fille, son fils, ses parents... et c'est ce que nous faisons inconsciemment.

Une recherche[7] montre que l'on est principalement excité et attiré par des personnes ressemblant à nos proches ou une image composite de soi-même, tant que cette ressemblance n'est pas consciente.

Intégrer le tabou de l'inceste est une des premières étapes de l'acquisition de la notion de règle sociale. L'enfant apprend que la société lui apporte des bienfaits innombrables, mais qu'en échange il doit respecter ses lois. Il accède progressivement à la notion de société, d'échange, par les alliances entre autres, et développe par là-même sa capacité de conceptualisation. Ce faisant, le petit d'homme grandit et s'humanise.

Il serait d'ailleurs intéressant d'étudier si les abus s'observent davantage dans les familles où l'on critique la société sans en souligner le positif.

Il faut donc apprendre à nos enfants ces règles sociales si nous désirons leur éviter de traverser des émotions éprouvantes quand ils seront devenus tout à fait conscients de leurs actes dans le contexte adulte.

---

7   Fraley R.C.; Marks, M.J., Westermarck, Freud, and the incest taboo: does familial resemblance activate sexual attraction? in Pers Soc Psychol Bull. 2010 Sep;36(9):1202-12. Epub 2010 Jul 20.

Un enfant commence à prendre conscience des réalités sociales à environ sept ans. Avant cet âge, c'est une notion très floue. Nous le constatons quand nous devons enseigner les règles de politesse, le vouvoiement, le respect des personnes selon leur âge ou leur rang.

J'ai le souvenir petite fille, probablement vers six ans, d'échapper à ma mère lors d'une cérémonie religieuse, cérémonies auxquelles nous participions peu, pour remonter l'allée en courant et embrasser l'évêque sur l'autel, simplement parce qu'il me paraissait sympathique. Un enfant plus âgé n'aurait jamais fait cela.

J'ai ressenti de la honte, après coup, parce que les gens ont ri.

À peu près au même âge, dans le salon de coiffure de ma tante, j'ai approché une dame au rouge à lèvres flamboyant et qui débordait ses lèvres, pour lui demander pourquoi elle s'enlaidissait ainsi.

À 13 ans, lors une réunion politique de ma ville, j'ai abordé Valéry Giscard d'Estaing pour lui exposer longuement mes idées de gauche balbutiantes. Il eut la patience de m'écouter et me félicita d'avoir des idées.

La conscience des règles sociales vient donc très progressivement et la compréhension des bénéfices des interdits probablement en dernier.

Si l'enfant les observe par peur de la punition, il ne les comprend souvent pas totalement ou les trouve absurdes, d'où les difficultés des éducateurs.

Quand vers sept ans, l'enfant commence à percevoir les différences, il observe les disparités de logements, de confort, de vêtements... Il constate que tel enfant est plus gâté que lui, que certains ont plus de permissions. « Aurélie, elle, a le droit de regarder la télé le soir ! »

Les interdits, qui restent pendant longtemps des concepts incompris, lui paraissent simplement punitifs. Les récriminations outrées des adolescents en attestent : « Mais pourquoi je ne sortirais pas ?! », « Pourquoi tu ne veux pas que j'aie un scooter ?! », « Pourquoi je n'aurais pas le droit de boire de l'alcool ?! »

Ceux concernant la sécurité physique sont en général les plus facilement intégrés. Les petits comprennent assez vite pourquoi on ne touche pas à la porte du four brûlant; pourquoi on ne met pas les doigts dans la prise, souvent après une tentative de passer outre et l'expérience de la douleur. Mais on constate que les adolescents sont capables de sortir à moitié nus l'hiver ou de passer des nuits blanches à jouer sans se soucier de leur santé.

De la même façon, l'interdit de l'inceste n'est pas

intuitivement compréhensible par les enfants. Il ne pourra être intégré comme norme, règle importante, que parce qu'elle a une valeur à vos *yeux.*

Alors comment leur dire ? La façon la plus simple de leur expliquer qu'on ne va pas s'approcher sexuellement de son frère ou de sa sœur est de leur dire qu'on ne peut pas se marier avec !

Les enfants prennent conscience de l'institution du mariage dès l'âge de quatre ou cinq ans. Ils acquièrent cette notion par les contes de fées, les dessins animés, parce qu'ils savent que leurs parents sont mariés, qu'ils sont allés à des mariages, ou encore qu'ils en ont vus en ville et que le faste a attiré leur attention. Les mariages, ce sont les grandes robes blanches de princesse, les gens endimanchés, la fête. Pour les enfants, les parents sont « mariés », que l'union soit sacralisée ou non, quelle soit hétéro ou homosexuelle.

Même si le lien explicite entre « mariage » et sexualité n'existe pas encore, l'enfant le pressent puisque, selon lui, il est issu d'un « mariage ». Il est donc relativement facile de souligner ce lien.

Pour qu'ils intègrent plus facilement l'interdit de

l'inceste, il est important de dire et redire aux enfants qu'on ne se marie pas avec quelqu'un de sa famille.

On peut le faire en établissant l'arbre généalogique et en soulignant que par le mariage (officiel ou non) les familles se sont alliées. Il est possible aussi de jouer au jeu de qui peut se marier avec qui, et souligner qu'il est également interdit de jouer à des jeux sexuels (au docteur) si on ne peut pas se marier ensemble.

En ce qui concerne les cousins germains, même si les mariages sont possibles, il vaut mieux partir du principe qu'ils sont a priori exceptionnels et donc statistiquement négligeables. Et dans tous les cas, l'enfant considère les cousins comme partie de la famille. Si le mariage entre cousins n'est psychologiquement pas forcément problématique, les contacts sexuels dans l'enfance le sont.

Quand faut-il de nouveau insister sur ces règles ?

Si l'on surprend les enfants dans des attouchements. Quand on constate des jeux ou interactions qui évoquent une certaine excitation qui se traduit généralement par des rires particuliers, comme chez les adultes. Si par exemple une petite sœur s'assoit sur les genoux de son frère et que les deux se mettent à rougir et à glousser. Lors de certaines bagarres un peu trop corps à corps. S'il existe une curiosité un peu trop appuyée dans la salle de bains...

Il est important alors de demander à la petite sœur de descendre des genoux de son frère, au frère de la lâcher, aux frères de se séparer, **parce qu'on ne se marie pas ensemble.**

C'est une phrase qui parle à tous les enfants.

Pourquoi ne laisserait-on pas faire ?

On peut se dire que les jeux sexuels sont le plus souvent bien anodins. Et ils le sont, dans un premier temps. Tout le monde n'a-t-il pas joué au « docteur » ?

La curiosité sexuelle naturelle est un puissant moteur, surtout lorsque les parents n'ont pas répondu aux questions des enfants. Le côté caché et secret accroit encore l'attrait.

Parfois ces jeux sont empreints d'une certaine contrainte. Aurélie, huit ans, descend dans le salon et se plaint que Léo l'a forcée à lui montrer son sexe, en la bousculant et en l'écrasant.

On croit la petite fille et on réprimande Léo en public.

Ce n'est pas à faire. Léo ne recommencera pas mais gardera une culpabilité sans avoir compris l'enjeu.

Que se passe-t-il si les enfants de Marie ne sont pas arrêtés dans leur élan et se retrouvent comme Julien et sa sœur, Ninon et son frère ? Peut-on laisser « jouer au docteur » entre un frère et une sœur ?

Si Aurélie ne se plaint pas et reste à subir, est-ce encore un « jeu » ? Les familles d'Aurélie et Léo sont amies et les enfants vont être amenés à se revoir, que risque-t-il de se passer ?

Si l'abus a lieu, la connaissance des règles sociales dont ils prendront plus tard conscience leur lèguera un immanquable sentiment de profond malaise et d'infériorité. Le moi est encore fragile à cet âge, et en construction.

La liste des troubles potentiels qui s'ensuivent est longue. Les conséquences les plus courantes de l'abus sont :

- Un sentiment de honte, de salissure ;
- Un complexe d'infériorité d'avoir été une « proie » ;
- Un sentiment de culpabilité tenace et diffus ;
- L'échec scolaire ou par compensation le perfectionnisme ;
- La vulgarité ;
- L'impression de ne pouvoir se contrôler ou contrôler sa vie, et donc une angoisse latente et un sentiment d'impuissance ;
- Le désordre matériel et la confusion mentale.

- Les problématiques liées à l'argent ;
- Les addictions (boissons, jeux, drogues, tabac...) ;
- Les troubles obsessionnels compulsifs par compensation ;
- La névrose d'échec ou l'incapacité à jouir du bonheur, le sentiment qu'on ne l'a pas mérité ;
- Les troubles de l'humeur ;
- Les troubles sexuels, la frigidité ou l'impuissance, la difficulté à entrer en relation sexuellement ;
- Le dégoût ou la dévalorisation de son corps, et parfois même une attention démesurée à l'apparence ;
- L'hygiénisme à outrance, la peur des maladies, la purification compulsive du corps par lavement, la diète ;
- L'anorexie-boulimie ;
- La délinquance, par compensation du manque de respect de soi et du sentiment d'infériorité ;
- La difficulté à se faire des amis ou à trouver un partenaire sentimental ;
- La phobie sociale par peur inconsciente que cela se sache ou par peur d'être agressé(e) ;
- La fuite dans le rêve éveillé et la difficulté à

être présent(e), poser des actes, s'engager ;
- Les troubles psychosomatiques ;
- La peur de l'abandon parce qu'on croit ne pas mériter d'être aimé(e) ;
- Les difficultés à nouer un lien intime car il pourrait exposer à l'envie de raconter ce qu'on a subi ou perpétué ;
- L'éventuel rejet par le/la partenaire lorsqu'il/elle l'apprend ;
- La retenue dans les relations sexuelles, par peur du surgissement des images du passé ;
- L'hyperactivité sexuelle ou, à l'inverse la dépendance affective sans relation sexuelle possible ;
- La perversion sexuelle, le libertinage, la prostitution ;
- L'homosexualité post-traumatique[8] ;
- Des difficultés à se respecter et à se faire respecter ;
- Des difficultés à engendrer et/ou à donner de l'affection à ses enfants par peur d'être excité(e) ;
- Des difficultés à avoir une vie stable ou l'extrême inverse, un problème d'adaptation et une phobie des situations nouvelles dans lesquelles on aura peur de la perte de

---

8   Différente d'une homosexualité « naturelle ».

contrôle ;
- Des difficultés à dire « non » ;
- La peur de l'autorité ou, par compensation, l'autoritarisme ;
- La pédophilie ;
- Les tentatives de suicide ou le suicide quelques années plus tard si l'abus n'est jamais entendu ou reconnu.

Ces conséquences sont dramatiques.

Dans tous ces troubles, la confiance en soi est détruite. L'enfant devient conscient avec le temps qu'il a fait quelque chose d'interdit, qu'il pense inavouable, et que ce secret l'enferme dans le mauvais, le caché, le sombre. Même se confier, dans les relations d'amitié profonde ou d'amour, dans lesquelles on se raconte, sera pénible. Jamais simple, et douloureux. La peur de s'exposer au jugement ou au rejet sera toujours présente.

Si l'image de soi se crée à partir du ressenti intime, elle s'élabore principalement à travers l'interaction. Ce sont les autres qui renvoient à l'enfant une image bonne et aimable, ou mauvaise et plus souvent mélangée. Lorsque l'enfant porte un tel secret, il s'accable d'autant plus qu'il a la sensation de *tromper* son entourage, d'être un imposteur. Il ne répond plus à l'attente des parents d'avoir un « bon enfant ».

Alors les troubles du contrôle s'installent parce que l'enfant voudra éternellement se punir et, en outre, aura du mal à sentir les frontières de ce qui est acceptable et ce qui ne l'est pas. Ne se vivant plus comme bon, il éprouvera des difficultés à s'approprier les règles sociales. Je suis coupable parce j'ai *fait* cela, se dit-il, j'ai *laissé faire* ou j'ai *attiré* cela. La norme ayant été déviée, transgressée, où sont les limites ? La norme ne s'applique plus à moi. Je ne suis plus quelqu'un de respectable de toute façon. Je suis quelqu'un de déviant, un monstre.

Il peut soit s'enliser dans la déviance, l'autodestruction, soit tenter d'exercer un contrôle total sur lui-même ou autrui.

J'ai eu pour patient un homme à la moralité droite et rigide qui, écolier dans un pensionnat, avait subi puis perpétué des attouchements sexuels qui se pratiquaient entre les garçons. Ces images de sexualité trop précoce, choquante, imposée, images restées tellement vivantes, le hantaient de désirs pédophiles, qu'heureusement il n'assouvissait pas.

Lorsqu'il tentait de faire l'amour à sa femme, l'excitation le replongeait dans ces souvenirs qui déclenchaient en lui une douleur morale telle qu'au fil des années, il n'arrivait plus à combler son épouse. Leur relation tomba dans la froideur et la distance. Toute érection provoquait maintenant une gêne physique De surcroît, il ne pouvait s'ouvrir à sa femme qui n'aurait pas compris ou supporté ses révélations. Du moins le pensait-il.

Dans ce schéma, certains deviennent pédophiles et développent une personnalité scindée. Ainsi ils peuvent être à la fois de bons parents et par ailleurs, pris dans une forme de transe, détruire la vie de certains enfants.

Ninon, qui avait couché avec son frère, se livrait à tous les hommes qui voulaient d'elle, sans discernement. Elle acceptait de poser pour des photos pornos, et en compensation, se livrait à des exercices religieux expiatoires et violents, des cures de nettoyage du côlon et des diètes purificatoires.

Les enfants qui ont dû faire des fellations ont souvent des difficultés à s'alimenter ou à parler. La bouche et la gorge sont « salies ».

Après l'abus, la plupart des enfants (mais pas tous !) ont des résultats scolaires en chute. Il leur est difficile de maintenir leur attention en classe et sur leurs devoirs. Leur esprit est, inconsciemment le plus souvent, occupé à résoudre leur conflit intérieur entre adaptation sociale et obéissance aux règles, et ce qu'ils découvrent comme interdit.

A contrario, par compensation, l'enfant est parfois anormalement scrupuleux, anxieux de ses résultats, sans jamais sembler s'en réjouir profondément.

Dans tous les cas, il bascule dans un extrême ou l'autre.

Thibault, qui a fait des fellations à son frère plus âgé, lave compulsivement son linge. Surtout son linge de corps. Il maltraite émotionnellement sa jeune femme, à sa merci depuis qu'ils sont mariés. S'il était tendre à la naissance de leur relation, lorsqu'il souhaitait être accepté, il devint verbalement brutal dès le mariage.

Lorsque nous constatons des jeux sexuels entre enfants, il est important d'ouvrir le dialogue en leur disant tout d'abord que c'est normal d'être curieux.

On va ensuite expliquer l'anatomie, si ce n'est déjà fait, la rencontre amoureuse, la reproduction, mais préciser surtout que, comme tout jeu, les jeux sexuels ont des règles : pas entre enfants de la même famille parce qu'on ne se marie pas ensemble, pas en forçant parce que ce sont des jeux, pas comme les grandes personnes parce qu'ils sont encore des enfants.

Si on peut poser un interdit fort concernant

l'alcool, le tabac et les drogues, la sexualité doit être apprivoisée comme une liberté progressive. Nous ne voulons pas leur donner l'impression que la sexualité est laide, ni les culpabiliser, ce qui causerait de nouveaux problèmes.

Toutefois, il est important de ne pas les laisser dériver vers une approche traumatisante.

Le dialogue que vous allez nouer est essentiel.

Ce dialogue ne doit pas être envisagé comme une « révélation », ni une leçon. L'enfant doit sentir que vous êtes détendu(e) et ouvert(e) par rapport à ce sujet et qu'il peut revenir avec ses questions autant de fois que nécessaire.

S'il n'ose pas, vous trouverez le prétexte d'un film, d'un message web, d'un évènement de l'actualité, d'une interaction qu'il aurait observée, pour en reparler.

L'éducation sexuelle donnée en milieu scolaire arrive bien souvent trop tard et se focalise principalement sur les notions d'anatomie, la reproduction, les maladies sexuellement transmissibles et la contraception. On ne peut donc se reposer de cette responsabilité sur l'école.

De plus, les intervenants découvrent qu'à douze

ans, la majorité des enfants ont déjà été exposés à la pornographie sur le net !

Etablir ce dialogue est votre responsabilité.

Pourquoi les enfants acceptent-ils l'abus ?

Les enfants se laissent entraîner dans l'abus pour plusieurs raisons : par curiosité sexuelle, par désir de sensualité, par peur. Souvent aussi par angoisse, comblée dans un premier temps par l'auto-érotisme, et dans un second temps par la promiscuité avec d'autres enfants, ou avec des adultes. Et enfin par manque affectif et manque de reconnaissance.

Les enfants ont de la curiosité pour tous les phénomènes vivants. Tout ce qui est nouveau et tout ce qui est caché. La curiosité sexuelle en fait partie.

Pour les petits, tout ce qui tourne autour des fesses et de l'élimination les amuse. Il suffit de dire le mot « prout », « pipi » ou « zizi » à des enfants de maternelle pour déclencher des rires sans fin. Ils découvrent leurs parties génitales avec curiosité, et un certain plaisir parfois un peu entaché de gêne ou de honte.

En effet, dans leur méconnaissance, les organes génitaux servent à produire des choses aux odeurs fétides qu'on doit faire dans les toilettes, porte fermée.

Si les organes génitaux étaient placés sur une autre partie du corps que les organes d'élimination, je pense que le ressenti serait tout autre : une curiosité mais pas de gêne.

Si l'enfant est curieux de savoir comment naissent les bébés, il éprouve une certaine aversion à l'idée de la procréation. Dans son esprit, elle revient à mélanger les organes d'élimination.

Quand les parties sexuelles des enfants sont touchées, il peut y avoir un certain sens d'excitation mais pas de désir qui inclurait véritablement autrui. C'est la raison pour laquelle pour les enfants, les contacts sexuels sont *a priori* répugnants et choquants.

Si la curiosité les pousse à explorer, l'aversion les retient le plus souvent dans des limites saines. Toutefois, par manque affectif ou sensuel, cette aversion n'est parfois pas suffisamment protectrice.

Lorsque j'avais huit ou neuf ans, j'étais une petite fille très sensuelle. Un ami de la famille, un homme dans la trentaine, avait l'habitude de nous rendre visite. Il chahutait souvent avec moi et j'étais très heureuse de recevoir un peu d'attention. Il était calme, gentil et surtout il avait du temps à me consacrer. Nous l'appellerons Marc.

Marc s'asseyait sur le canapé et j'aimais bien le rejoindre. En manque d'affection, je me pelotonnais contre cet homme qui semblait heureux de trouver l'amitié d'une petite fille. Il me fit découvrir quelque chose que j'adorais. Je posais la tête sur ses genoux et il me racontait une histoire en me caressant le visage. Ces moments auraient été de pur délice, si ma mère ne m'avait grondée, et intimé l'ordre de descendre du canapé.

Sans doute redoutait-elle que Marc n'entreprenne une tentative d'abus. Et peut -être avait-elle raison. Mais elle ne proposa jamais de me donner les caresses dont j'avais soif et que j'aurais pu recevoir d'elle en toute sécurité. Ma mère ne prenait jamais le temps.

Surprenant ces gestes, elle aurait pu me dire : « Tiens, viens, moi aussi je vais essayer ! », puis plus tard : « Je préfère que tu me demandes à moi » et m'expliquer : « Tu sais, les messieurs peuvent avoir parfois de drôles d'idées avec les petites filles... »

Rosalie raconte que son Papy a dérapé quand elle avait 9 ans. Il a léché son sexe sous prétexte qu'elle se plaignait que ça lui « piquait ». La petite fille a pris goût à cette sensation nouvelle. Papy vivait à quelques maisons de la sienne et elle y passait volontiers après l'école. Rosalie, aujourd'hui adulte, est en thérapie. S'il n'y a pas eu de violence et qu'elle avoue y être retournée de son propre gré, elle se sent salie, porteuse d'un lourd secret qui rend difficile sa relation aux hommes.

Si donc, à l'instar de la petite fille que j'étais, ou de Rosalie, votre enfant recherche des câlins ou de la sensualité auprès d'adultes autres que vous, c'est qu'il ne reçoit pas assez de tendresse et de caresses de votre part.

Alfred Adler[9] a montré que l'auto-érotisme existait surtout chez les enfants et adolescents anxieux, souffrant particulièrement d'un complexe d'infériorité. De nombreux patients anxieux m'ont décrit s'être « réconfortés », petits, en touchant leurs parties génitales. Mais il ne s'agit pas encore de réelles pulsions qui n'arrivent massivement que lorsque le corps mûrit, à la puberté.

Si l'angoisse donne un sentiment de dépersonnalisation, de fractionnement, le toucher, lui, permet à l'enfant de sentir son corps, de construire au moins un peu sa sensation d'exister.

Une grande douleur torture l'enfant quand le

---

9 Stepansky, P. (1983) *In Freud's shadow, Adler in context.* Hillsdale, The Analytic Press, 1983, pp. 114.

parent est incapable d'offrir son affection physique. Ce manque laisse une sensation de vide tenace qui reste présente chez l'adulte. Les personnes privées de nourriture affective dans l'enfance, se décrivent comme étant toujours en quête d'affection et d'approbation, dans un lien anxieux à autrui, avec une recherche intense de contacts physiques. Leur cœur est un tonneau des danaïdes, tonneau percé, que l'on doit remplir sans fin et que nulle intimité ne peut combler.

A l'inverse, ils peuvent aussi faire preuve d'un total évitement, fuyant un impossible amour, par peur de la déception, ne supportant aucun lien affectif. Ce sentiment est décuplé lorsqu'il y a eu abus sexuel de la part d'adultes ou d'enfants plus âgés ou physiquement plus forts.

Lorsque le contact avec le parent n'est pas chaleureux et que les caresses rassurantes, confirmantes, sont manquantes, l'enfant recherche l'auto-érotisme et/ou le contact charnel avec d'autres enfants ou adultes.

Mais si le parent sait tenir son petit dans les bras avec tendresse, s'il montre de l'affection pure, non sexuelle, il touche le cœur de l'enfant. Ce que le parent ressent se transmet et unifie l'enfant. « Tu es mon enfant chéri et je t'aime d'un amour inconditionnel.» L'enfant se vit alors comme globalement bon. Il intègre cet amour qui le confirme dans ce qu'il est.

Lorsque l'enfant est « utilisé » par un parent dépressif qui recherche du réconfort, par un parent manquant personnellement d'échanges sensuels, ou encore « géré » par un parent trop occupé ou indifférent, l'enfant ne se sent pas confirmé dans son existence, reconnu dans son humanité.

En thérapie, un certain nombre de pères ont évoqué leur malaise à l'idée de toucher leurs filles, de peur de ressentir une attirance, surtout lorsqu'elles deviennent adolescentes. Pour contrebalancer, les mères devraient apprendre à donner de l'affection physique à leurs enfants. Si une maman ressent un malaise à toucher un grand fils adolescent, il suffit souvent de modifier l'approche, en évitant le corps à corps de face, dans lequel l'adolescent peut sentir la poitrine. Même si la mère ne se sent pas gênée, l'adolescent préfèrera cette nouvelle distance respectueuse de son développement.

Au moins un des deux parents devrait donner des gestes de tendresse, et idéalement les deux, sinon cette carence induit une sous-alimentation affective dramatique.

Les parents émotionnellement frigides

doivent entreprendre d'urgence un travail thérapeutique.

Quant à la bonne mesure de ces interactions, il est possible de prendre un bain avec un nourrisson, d'avoir de jeunes enfants dans le lit le temps d'un petit câlin, mais il faut observer une réserve avec un adolescent. Toutefois rien n'empêche les embrassades, les caresses sur la tête, le massage des épaules, les contacts sur les bras et les mains, les bras autour des épaules... bien au contraire !

Il est important de ne jamais exiger d'un enfant qu'il prenne une distance par rapport à un contact qui peut être douteux, sans offrir une compensation PHYSIQUE d'affection. Si l'on culpabilise l'enfant en le repoussant, « Je n'ai pas le temps ! », « Tu es une vraie glu ! », « Elle est collante ! », et qu'on lui refuse toute compensation, on jette possiblement son enfant dans les griffes d'un abuseur.

De nombreux enfants, mal entourés physiquement et affectivement, trouvent dans le contact sexuel par défaut, un semblant de reconnaissance et d'affection. Pourtant ce contact là n'est pas confirmant mais destructeur. Ils sentent intuitivement qu'ils sont utilisés et en train de se livrer à quelque chose de sale ou de honteux. Mais cela vaut mieux que rien, au moins sur l'instant.

Céline a été régulièrement abusée par un ami de son grand-père... devant toute sa famille ! Personne n'a jamais semblé remarquer. Personne n'a réagi. Quand il l'invitait sur ses genoux, lors du repas dominical auquel il était régulièrement convié, il glissait la main sous la nappe et lui explorait le sexe. Il lui faisait mal. Pourtant non seulement elle se laissait faire, mais elle retournait volontairement sur les genoux de ce « grand-père » qui était par ailleurs « gentil » avec elle. Il était le seul à lui porter de l'attention et à lui donner de l'affection. L'abus a duré trois ans. Chaque dimanche. Et la famille n'a jamais rien vu. Lui seul la prenait sur ses genoux. Lui seul lui prodiguait de l'attention.

Aujourd'hui, Céline n'arrive jamais à se sentir comblée dans ses relations amoureuses, parce qu'elle ne se sent pas digne d'être aimée et ne peut intégrer cet amour.

Comme elle n'y croit pas au fond de son cœur et qu'elle a sans cesse peur de perdre ses compagnons, elle se montre tyrannique par ses demandes de réassurance affective et sa jalousie pathologique.

Enfant, Céline n'avait reçu aucune information sur la sexualité et comme tout cela se passait à table, devant les parents, elle pensait que c'était désagréable mais « normal ». Du coup Céline a aujourd'hui beaucoup de mal à discerner ce qui est

« normal » de ce qui ne l'est pas, par rapport à sa jalousie par exemple. Elle a perdu son baromètre interne.

La question, dans ce cas comme dans beaucoup d'autres, est : pourquoi l'enfant y retourne-t-il volontairement ?

Il y a une vraie recherche de contact et d'affection. Tout est bon à prendre plutôt que l'indifférence. Les enfants qui se prêtent à ce genre de contacts sont toujours des enfants en manque. Malgré l'éventuelle douleur, comme dans le cas de Céline, l'ami de son Papy s'intéresse à elle et la valorise par ces mots parfois soufflés à l'oreille : « Tu es ma petite maîtresse, je n'ai que toi ». Par contre, elle développe l'idée qu'elle est avant tout *sexuellement* attirante et non pas *globalement* attirante.

Adulte, elle couche sans retenue avec les hommes qu'elle rencontre. Puis se demande pourquoi ils la quittent après quelques ébats. Pourtant c'est une jeune femme charmante et pleine de qualités. Mais lorsqu'elle offre aux hommes son sexe en premier, c'est comme si elle leur disait « Je n'ai que cela à te donner », « Je ne me respecte pas, pourquoi le ferais-tu ? », « Ce que je te donne n'a aucune valeur. »

Si l'enfant ne ressent pas de manque affectif, tout en ayant une connaissance de la sexualité, il comprendra instantanément que c'est anormal. C'est la honte qui lui indiquera qu'il n'est pas prêt et qu'il faut reculer, refuser.

Si l'enfant est en manque affectif, il se laissera séduire par le contact et l'attention portée, et ignorera sa honte. De nombreuses jeunes filles sont sensibles au fait qu'un adolescent plus âgé, frère, cousin ou relation, semble les remarquer.

Emilie, adolescente, se trouvait laide et se laissait abuser par son cousin, parce qu'il était beau. Elle jugeait que, malgré l'angoisse et l'aversion ressenties, son abus était en quelque sorte un hommage valorisant. Elle a tellement intégré cette expérience que, devenue femme, elle choisit des compagnons violents. Elle doit aujourd'hui lutter contre la fascination de ce profil d'homme et tenter de changer ses attirances. Mais, pour compliquer l'affaire, elle choisit aussi des hommes agressifs pour qu'ils la protègent symboliquement de son cousin, ce qu'elle aurait tant attendu de son père. Désemparée, elle observe que très vite, elle fait les frais de leur impulsivité.

Une image de soi fragile, un sentiment d'infériorité, peuvent donc aussi mener à accepter l'abus.

Pourquoi les enfants ne dénoncent-ils pas l'abus ?

Un enfant dénonce l'abus soit la première fois et très rapidement, ou alors mettra des années à se confier. Mais le plus souvent jamais.

La plupart des enfants aiment séduire, plaire, et cette envie se développe encore à l'adolescence. **Mais l'enfant a besoin de séduire sans aboutir, de seulement tester sa séduction.** L'enfant n'a pas besoin de consommer du sexe.

S'il y a eu abus, l'enfant se sent coupable d'avoir ressenti une excitation, éventuellement du plaisir, ou simplement d'avoir manifesté une curiosité et une sorte de séduction. De l'avoir « cherché ».

En conséquence, il ne se plaint pas et n'alerte pas ses parents. Il « sait » qu'il y est pour quelque chose par son seul intérêt pour la sexualité, par son excitation aux choses du sexe. Il se sent coupable. Il a honte. Il est muselé. Il espère qu'un adulte va s'en apercevoir et venir à son secours. Mais le plus souvent, personne ne remarque le drame. Il pleure le soir dans son lit.

Il a peur.

Les enfants abusés et qui n'ont jamais rapporté l'abus, disent, une fois adultes, qu'ils se sont retenus parce que :

- Leurs parents n'ont jamais favorisé le dialogue, mis à part pour la gestion du quotidien ;
- Leurs parents ne les auraient pas crus même devant l'évidence ;
- Leurs parents auraient étouffé l'affaire, la culture familiale favorisant la cohésion à tout prix ;
- Leurs parents n'étaient pas à l'écoute des problèmes des enfants. L'ambiance familiale était rude et le discours parental plein de jugements ;
- L'enfant sentait inconsciemment une fermeture parce que l'abus avait déjà existé au niveau des parents ou de la famille et était resté secret ;
- Les parents avaient un mode d'éducation sévère et culpabilisant : « Ils auraient dit que c'était de ma faute ! » ;
- Les parents étaient ressentis comme fragiles psychologiquement. L'enfant croyait qu'il ne fallait pas leur causer de soucis supplémentaires : « Ma mère a toujours été dépressive, elle n'aurait jamais pu gérer ça,

je l'aurais tuée ! » ;[10]
- Les parents étaient inhibés et aucune question relative au sexe n'était jamais abordée ;
- Les enfants se culpabilisaient de leur curiosité sexuelle initiale et dans certains cas, d'être revenus volontairement vers l'abuseur ;
- Parce qu'ils étaient les abuseurs et qu'ils ne réalisaient pas qu'en tant qu'enfants, ils étaient aussi des victimes ;
- Parce que la honte et la culpabilité étaient trop fortes pour les abusés comme pour les abuseurs pour pouvoir parler ;
- Parce que la mère était morte quand l'enfant était en bas âge et qu'il ignorait vers qui se tourner ;
- Parce que l'enfant était pris en otage et ligoté par la peur.

Céline, abusée par l'ami de son grand-père, n'a pas osé dire à ses parents ce qui se déroulait sous leurs yeux. Cette interaction n'a cessé qu'à la mort de cet homme. Même adulte, elle n'en a jamais parlé aux personnes de sa famille. Elle s'est ouverte à son amoureux, et à une amie qui venait de subir

---

10 Voir Alice Miller. *Le Drame de l'enfant doué.* PUF

un viol et qui lui semblait pouvoir donc comprendre. La troisième personne avec qui elle a partagé ses souvenirs douloureux était sa belle-mère, elle-même abusée enfant par son frère. Cette dernière, pendant longtemps, n'avait rien dénoncé non plus. Elle témoignera enfin devant la justice, le jour où son frère, adulte, abusera de sa propre fille à lui.

Lorsque j'avais 12 ans, j'avais l'habitude de me rendre chez mes voisins. Leur maison était pleine de grands adolescents bien plus âgés que moi. J'adorais cette ambiance très gaie et chaleureuse. J'étais la « petite » qu'ils acceptaient de bon cœur, alors que chez moi j'étais sans cesse rejetée par mon frère et ma sœur plus âgés. Je n'entendais que « Sors de ma chambre ! » comme cela se passe dans de nombreuses familles. Mais là, j'étais acceptée et même accueillie. La grande fille de la maison se plaisait à m'écouter et à me donner des conseils. Le fils me faisait jouer aux fléchettes.

Un jeune homme, de l'âge des enfants, louait une chambre chez eux et faisait partie de leur famille. Nous l'appellerons Arnaud.

J'étais une petite fille mignonne, affectueuse et assez sensuelle. Je rêvais beaucoup à l'amour et écoutait en boucle Jean Ferrat chanter les poèmes d'amour d'Aragon, d'autant plus que je ne me sentais pas très épanouie chez moi. Comme pour Cendrillon, le prince charmant arriverait et m'enlèverait un jour à mes tourments. Dans mon imagination, il ne pouvait pas être un petit garçon de mon âge encore impuissant. Il devait être déjà un jeune homme, puisqu'il devait être capable de m'arracher à ma vie. C'est ainsi que je soupirais sur les amis de mon frère aîné ou sur les jeunes voisins.

Arnaud était particulièrement accueillant. J'allais frapper à sa porte et je passais de chouettes moments chez lui. Ses copains et lui me faisaient rire, me taquinaient, me chatouillaient, ce que j'adorais. J'étais leur mascotte.

Ma mère me grondait parfois de passer des moments chez eux. Elle devait sentir que c'était un peu anormal que je fréquente des jeunes gens, mais elle ne me proposait rien comme alternative pour m'occuper, me tenir compagnie ou m'associer à sa vie. On peut même penser que cela l'arrangeait. « Sors de mes jambes ! » me disait-elle souvent.

Un samedi soir, Arnaud me demanda si je pouvais lui apporter des croissants pour son petit déjeuner. Je me sentis flattée d'être ainsi réclamée.

Le lendemain matin, toute fière, je dis à ma mère qu'Arnaud attendait ses croissants. Elle me laissa me rendre à ce rendez-vous sans broncher. Je frappai à sa porte, les bras chargés d'un gros sac. Il me dit d'entrer. Il était au lit. Je lui offris les croissants mais il ne se leva pas, ce qui me désempara, moi qui croyais lui faire plaisir. Il me prit la main, ce qui me surprit mais me ravit. C'était troublant et romantique. Jamais aucun garçon n'avait tenu ma main dans la sienne. Puis il souleva son drap et je vis son sexe gros et rouge. Il y posa ma main d'enfant. Je restai un moment interdite, figée par l'effroi. C'était chaud, bizarre et laid. Ma main se raidit. Je compris que tout recul de ma part m'enlèverait à jamais son « affection ». Pourtant je me levai et sortis. Je ne revins jamais vers lui. Et mon rêve se tourna vers les garçons de mon âge.

Arnaud ne craignait pas que je puisse me plaindre à ma mère, il la connaissait. Un an plus tard, ma mère m'accusa « d'intentions perverses » à l'égard d'Arnaud et me traita de qualificatifs sordides. Pourtant je n'allais plus rendre visite qu'à la grande fille. Il était plus facile pour ma mère de rejeter sur moi la responsabilité de ce qu'elle intuitait avec un an de retard, plutôt que de se poser des questions ou de m'en poser.

Il est évident que je n'ai pas pu me confier à elle dans ce contexte culpabilisant.

On doit aussi souligner que dans de nombreux foyers, on blague sur le sexe, on gronde les enfants pour des comportements que l'on trouve choquants, sans jamais entrer dans une vraie discussion ou répondre aux questions.

Aussi, certains enfants ne disent rien parce qu'ils sont terrorisés. Lorsque l'enfant n'arrive pas à repousser l'abuseur et ne peut parler très rapidement, dès la première fois, le piège se referme et les abuseurs le savent. Ils manipulent l'enfant : « Si tu le dis, on ne te croira pas », « On dira que tu l'as bien voulu », « On te traitera de dégoûtant/te, de salope, de vicieux/se. »

Chaque année, les parents de Laurie prennent en vacances son cousin, dont les parents n'ont pas les moyens de partir. Robin la coince régulièrement contre le mur pour se masturber contre elle et la menace de s'en prendre à ses petites sœurs si elle le dénonce. Elle se « dévoue » donc pour protéger ses sœurs. Il lui est impensable d'en parler à ses parents.

Un enfant abusé est un enfant qui vit dans une prison mentale et émotionnelle.

Par ailleurs, certains enfants ne disent rien parce qu'ils **oublient**. Comment est-ce possible ? L'oubli est un mécanisme de défense. Il se met en place dès lors qu'il n'existe pas de meilleure solution. L'enfant se sent impuissant. Il n'a pas réussi à dire non, à se sauver. Personne n' a rien remarqué et il n'ose avouer ce qui lui semble en partie son crime.

On constate parfois que les souvenirs surgissent en thérapie, à l'évocation d'un traumatisme ou d'une déception sentimentale. Pourquoi ? Parce que le lien entre ces domaines est émotionnel et se dévide comme une pelote de laine. Le traumatisme, la déception, rouvrent les sphères de l'abus. L'écoute, dans le lien thérapeutique, et la confiance qui s'instaurent permettent le dialogue qui n'a jamais pu exister avec le parent.

De nombreux abus débutent par des jeux quasi-anodins. Ces jeux sont le plus souvent proposés par l'enfant plus grand au plus petit. Le petit se sent très valorisé. La plupart des familles trouvent l'intention adorable. Les parents apprécient que le grand enfant les décharge de la surveillance, surtout dans les réunions d'amis ou de famille où, ainsi libérés, ils peuvent profiter des conversations, danser, rire. Ne devraient-ils pas plutôt trouver cette proposition étrange ? Ils ne sauront pas si ces jeux tournent à « être mariés » ou au « docteur ».

Laurie raconte à sa maman qu'un copain de son grand frère a essayé de se coucher sur elle. Laurie a la chance d'avoir une maman à l'écoute. La mère comprend qu'il est temps d'expliquer à Laurie que les grands garçons sont moins intimidés par les petites filles que par les jeunes filles et qu'ils

« s'essayent ». Elle peut être flattée, intriguée ou encore y trouver un certain intérêt, mais ce qui peut s'ensuivre risque de la blesser dans son corps et son cœur et sa maman le sait. Elle doit donc l'encourager à dire NON !

Julien, Thibault et Ninon n'ont pas eu cette chance.

Qui abuse ?

Les jeux sexuels entre enfants partent d'une curiosité commune. Ils « font les grands », ont la sensation d'une maturité, croient vivre des histoires amoureuses.

Toutefois, au-delà de cette curiosité, quand ces jeux deviennent de l'abus, c'est le plus souvent le frère qui s'impose à la sœur, le garçon à la fille ou l'aîné au plus petit.

L'enfant qui abuse n'appartient pas à une classe sociale particulière.

L'enfant qui abuse est souvent un enfant assez émotionnellement distant, renfermé sur ses véritables sentiments. Il n'ose s'approcher des filles de son âge car il a une image de soi défaillante, parfois compensée par une attitude arrogante. Il ne se plie pas volontiers aux règles de la société ou alors se plie anormalement en apparence. Dans le secret, il désire choquer et dominer les plus faibles.

On constate toujours deux constantes dans leurs familles : un manque de dialogue vrai (et non une extraversion) et un manque d'affection physique, de chaleur, de reconnaissance. On trouve aussi parfois une ambiance très sexuée.

Le manque de dialogue ne veut pas dire qu'on ne

parle pas. Il existe des familles où l'on parle beaucoup. Des familles où tout le monde parle en même temps. Mais sans communication réelle. Le non-dialogue s'exprime dans une grande communication superficielle. Dans de telles familles, l'enfant sait qu'il n'y a pas de vraie rencontre possible, de réelle confiance. Tout est toujours divulgué, raconté et l'enfant se refuse à exposer ainsi sa pudeur. On y trouve beaucoup de taquineries et de moqueries, qui sont une forme d'humiliation, voire de sadisme.

Dans d'autres familles, la non-communication est évidente.

On parle peu, on exprime peu de choses, si ce ne sont les choses de la vie courante. L'enfant ne constate pas de chaleur entre les parents et n'en reçoit pas.

Dans de tels contextes, les enfants se retrouvent émotionnellement livrés à eux-mêmes.

De manière plus perverse, l'indifférence émotionnelle et le manque d'empathie sont parfois cachés sous une apparente affection. Certains gestes, baisers ou embrassades existent, mais JAMAIS QUAND l'enfant en a besoin, ni à sa demande. Les enfants doivent répondre aux attentes d'affection des parents et ne reçoivent pas d'attention pour eux-mêmes. L'adulte mène la relation, peu disponible, occupé à ses tâches, ou mentalement et émotionnellement absorbé. Parfois aussi souffre-t-il d'une dépression[11].

De façon plus ordinaire, de nombreux parents bien intentionnés et occupés à choyer matériellement leurs enfants, ne prennent jamais conscience de la distance qui s'installe dans la relation. L'enfant reste une « image » dans leur vie.

Ils ne tentent pas de se mettre véritablement dans sa peau pour le comprendre ni sentir ses besoins. Ni prendre le temps de regarder l'enfant dans les yeux, dans un moment calme, à deux, et simplement demander : « comment vas-tu ? »

C'est un exercice très difficile, surtout dans les périodes où l'on se sent accablé par les circonstances de la vie. Par ailleurs, le parent peut confondre le fait d'être à l'écoute des besoins ou désirs de l'enfant et de devoir constamment y répondre. Il a peur de se sentir débordé.

Pourtant, être entendu, littéralement et sans préjugé, est juste ce dont l'enfant a besoin. Un enfant satisfait dans ce besoin pourra supporter une part de frustration et cet apprentissage est d'ailleurs salutaire. Le dialogue qui fait que l'enfant se sent entendu est la base de la confiance dans la

---

11 Miller, Alice. *Le drame de l'enfant doué.* PUF

relation au parent.

Dans certaines familles, les enfants ne reçoivent de l'affection physique et émotionnelle que lorsqu'ils sont petits, fusionnels, et perçus comme « mignons ». Mais une distance se crée dès que l'enfant grandit et entre en opposition. Les parents ne donnent plus qu'un rapide baiser du soir. Voire rien. Les ados se disent tristes de cette distance qu'ils ne comprennent pas. Ou navrés s'ils se culpabilisent. Il n'est pas très étonnant dans ces circonstances, que l'enfant recherche un contact, même s'il doit passer par l'abus, subi ou exercé. Certains parents éprouvent de grandes difficultés à admettre que l'opposition de l'enfant est une nécessité pour affirmer sa personnalité. Ils comprennent intellectuellement ces phases bien connues du « non », de l'âge des « caprices », de la préadolescence ou de l'adolescence, du jeune adulte encore dépendant, mais ne trouvent pas en eux-mêmes la ressource pour les supporter émotionnellement et y répondre d'une façon qui devrait être un peu « sportive ». Car c'est de cet ordre là.

Dans le cœur des parents, l'enfant qu'ils ont choyé, porté, aimé devrait ressentir de la gratitude et de l'affection. L'opposition leur crée de la douleur. Elle les plonge dans le doute sur leurs capacités éducatives, résonne parfois sur un sentiment d'infériorité ou une angoisse de la perte du lien.

L'enfant peut aussi s'être montré décevant. Le parent a projeté la meilleure réussite, n'a pas ménagé ses efforts et le voilà humilié. Il ne peut s'empêcher de comparer les résultats de son propre enfant à ceux des enfants de son entourage, même s'il sait que c'est vain. Peut-être avait-il l'espoir de voir son enfant réussir des études restées pour lui un rêve ? Il a tellement besoin d'en être fier, de se réaliser un peu plus à travers lui ! Pourquoi n'est-il pas athlétique comme son copain ? Pourquoi n'est-elle pas gracieuse à la danse et douée en musique ? Ces déceptions peuvent être cruellement ressenties, d'autant plus si le parent a cru ne pas avoir trouvé cet épanouissement personnel dans sa jeunesse parce qu'il n'a pas eu la chance d'avoir accès à ces activités. Puis il justifie son désir par la pensée que le monde actuel est tellement dur, qu'il faut que l'enfant réussisse brillamment pour s'en sortir.

Les parents blessés préfèrent alors reculer dans leur attachement à l'enfant, pour ne pas souffrir ou ne pas réveiller d'anciennes souffrances.

Et si les enfants abuseurs sont en quête de

sensations, d'affection, ils ont aussi besoin de reconnaissance narcissique. Les critiques trop fréquentes, trop peu contrebalancées par une approbation chaleureuse (on dit que le bon ratio est de cinq remarques positives pour une critique), entament douloureusement l'enfant. Il devient sadique parce qu'il a lui-même été sadisé, à l'école ou à la maison, ou parce qu'on ne lui a jamais donné de limites et qu'il n'a pas appris à gérer la frustration.

Les enfants abuseurs sont en souffrance autant que les enfants abusés.

Le fait que l'enfant puisse ressentir éventuellement du plaisir physique ne justifie en aucun cas un acte qui n'est jamais anodin. Si nous étions des animaux, le ratio plaisir *versus* douleur serait suffisant. Mais l'être humain vit dans une dimension sociale essentielle, comme l'ont montré les travaux[12] d'Alfred Adler. Adler a été le premier à mettre véritablement en exergue la dimension sociale dans les conflits intrapsychiques. Il a souligné le conflit entre le désir d'être grand et puissant et le sentiment d'impuissance de l'enfant.

La conscience complète de sa dimension sociale viendra à l'enfant en se comparant aux autres et en comparant les adultes entre eux. Lorsque cette

12 Alfred Adler. L'enfant difficile. Payot

image sociale arrivera à une certaine maturité, il ressentira véritablement un malaise par rapport à ce qu'il a subi ou perpétué. C'est ainsi que plus âgés nous pouvons souffrir d'actes commis dans notre enfance.

En ce qui concerne les circonstances, l'abuseur peut aussi avoir été fortement provoqué. Aussi choquant et étonnant que cela puisse paraître, certains enfants vont jusqu'à s'exposer à l'abus. Une jeune patiente adulte me racontait qu'un été sur la plage , lorsqu'elle avait neuf ans, elle s'était liée d'amitié avec un garçon qui campait avec son père dans les environs. Ce n'était pas le garçon qui intéressait véritablement la petite fille, mais le père du garçon. Elle en était tombée « amoureuse ». Prise d'une véritable passion, elle s'était mise à l'embrasser sur la bouche, lui sautait au cou. Elle demandait chaque jour à ses parents à aller coucher avec eux sous la tente. Les parents refusaient, l'homme aussi. Mais ils ont fini par céder de part et d'autre.

La fillette s'est couchée près du père qui a dérapé, entraîné par son propre manque affectif et sexuel. Elle a fini par quitter la tente au petit matin, s'est lavée dans le jardin avec le tuyau d'arrosage et est rentrée chez elle sans bruit. L'homme qu'elle a revu plusieurs années de suite n'a plus jamais touché à son sexe, mais ils ont continué à s'embrasser sur la bouche, jusqu'à ce qu'elle ait assez grandi pour y mettre un terme.

De nombreux adultes, dont les professeurs, ont fait l'expérience de recevoir des déclarations d'amour de la part d'enfants. Une jeune femme me disait que, jeune fille, elle écrivait à sa professeure de français des lettres lui déclarant sa flamme. Elle vivait dans un désert émotionnel à la maison et son père battait sa mère.

Il n'est pas très étonnant dans de telles circonstances que certains adultes, un peu seuls ou perdus, mal structurés, y soient sensibles, et même se trouvent entraînés au délit.

Pour les adultes ayant été abusés enfants, et pour lesquels le manque affectif est prégnant, les limites ne sont plus claires quand l'enfant semble demandeur.

Il faut toujours garder à l'esprit qu'un enfant amoureux d'un adulte ne recherche pas le sexe.

L'adulte perturbé par la demande de l'enfant doit être encouragé à consulter pour résister à ce genre d'avances et trouver la capacité de remettre l'enfant à sa place.

Si les adultes peuvent être troublés par de telles

demandes, les plus jeunes le sont plus encore. **L'enfant qui sollicite n'est pas conscient de ce qu'il provoque**[13].

Ma patiente, totalement inconsciente de ce à quoi elle s'exposait, avait idéalisé le père de son copain de plage. Elle aurait beaucoup aimé dormir simplement dans ses bras avec un baiser sur son front.

---

13 Et malheureusement le sentiment de culpabilité qui s'ensuit ne disparaît pas à l'âge adulte, mais se renforce, sans un travail thérapeutique.

Que dire à nos abuseurs ?

Les abuseurs sont le plus souvent des garçons. J'emploierai donc le masculin.

Ils sont en général plus âgés que leur « victime », qu'elle soit fille ou garçon.

L'enfant abuseur est fréquemment celui qui est actif.
L'enfant victime semble « subir ». passivement, s'il y a eu intimidation, mais avec détresse ou peur dans le regard. Mais de nombreux garçons imposent fellation ou masturbation et il peut être difficile dans ces cas de savoir qui a entrepris l'autre.

Si on surprend les enfants, il est impératif de ne pas refermer la porte, de rester dans la pièce, sans les fixer du regard, et tout en se détournant de leur demander de se vêtir.
Dans un premier temps, ne rien exprimer de particulier, outre une grande fermeté : « Je n'autorise pas ce genre de comportement avec ta sœur » ou « Tu es trop grand pour jouer à cela avec la petite voisine », puis d'ajouter « Nous allons discuter de tout cela ensemble quand nous serons

tous calmes. »

Si ce sont vos enfants, vous devez les envoyer chacun dans leur chambre. Si la victime de l'abus montre une détresse, il est nécessaire de s'en occuper en premier, de l'entourer et de la réconforter. Les demandes d'explications sur ce qui s'est passé ne doivent pas se transformer en interrogatoires intrusifs, surtout en ce qui concerne les détails.

Si la victime n'est pas votre enfant, appelez les parents. Il vaut mieux agir dans l'ouverture, que de risquer que la famille l'apprenne plus tard. Ne racontez pas au téléphone ce qui s'est passé. Les parents en désarroi pourraient se mettre en danger au volant. Dites que l'enfant se sent mal.

Lorsque les parents arrivent, expliquez-leur à part ce que vous avez découvert et proposez-leur de les rencontrer très prochainement pour tenter de comprendre ensemble. Choqués, il y a toutes les chances pour que, dans un premier temps, ils vous assimilent à votre enfant ou vous accusent d'un manque de vigilance.

Il est inutile de nier pour protéger votre enfant, sa réputation ou la vôtre. C'est s'exposer à de graves ennuis. Ne pas non plus accuser leur enfant de séduction pour justifier le comportement du vôtre. Vous étiez occupé ou absent, vous n'avez pas vu et donc vous ne savez pas. Si les enfants sont des amis d'école, il vaut mieux demander aux parents d'avoir l'intelligence de ne pas ébruiter l'affaire dans le milieu scolaire.

Vous avez séparé les enfants et apporté un certain réconfort à la victime. S'il est important qu'une discussion ait lieu rapidement, prenez le temps de vous apaiser, d'en discuter, en couple, avec une bonne amie ou quelqu'un de votre famille, une personne à l'esprit ouvert et rationnel. Il est nocif d'avoir une conversation que l'enfant abuseur peut entendre dans le but de le culpabiliser.

Si vous vous sentez trop perturbé, prenez rendez-vous en urgence chez un psychothérapeute, pour mieux appréhender la situation. Lorsqu'on découvre que son fils est un abuseur, c'est en général un grand choc émotionnel. La première réaction est souvent empreinte de colère, de honte, de tristesse et de culpabilité.

Il peut être aussi tentant de nier, de minimiser, de penser que l'autre enfant a été séducteur. Il est naturel que votre premier réflexe soit d'éviter la honte, émotion qui pousse au retrait, à l'inhibition, au refoulement.

Dans la panique, on questionne l'attribution de

la culpabilité, on cherche l' « origine » de ce qui s'est passé. C'est la raison pour laquelle il arrive souvent que l'on gronde la fille ou le plus petit. Les filles sont plus séductrices que les garçons ; ce sont elles qui portent des robes, se maquillent, cherchent le contact. Ceci est le résultat de notre culture. Ce sont aussi bien souvent les plus petits qui vont dans la chambre des plus grands. Dans ce questionnement douloureux, on croit chercher des réponses, mais on tente mentalement d'éviter ce qui n'aurait pas dû être.

Ce que vous avez surpris est fait et vous ne pouvez revenir en arrière. Des jugements de valeur qui condamnent l'enfant plutôt que l'acte sont toxiques. Derrière l'acte condamné, il est maintenant important de comprendre l'enjeu.

De nombreux parents sont tentés de s'arrêter à cette étape, d'oublier ce qu'ils ont vu, mais mis à part un semblant de paix, vous n'aurez pas réglé le problème. Vous laisserez votre enfant soit avec l'envie de recommencer, soit avec une culpabilité chronique et un blocage sexuel. Certains jeunes abuseurs deviennent par la suite pédophiles et éventuellement abusent même de leurs propres enfants comme nous l'avons vu. **Il n'est donc pas envisageable de faire l'impasse.**

Si votre adolescent refuse tout dialogue, avec vous ou avec un psy, s'il ne s'agit pas de simples jeux de découverte et qu'il existe une quelconque notion d'abus, je vous encourage à écrire au Juge pour enfants pour qu'il exerce une contrainte de soin. Surtout, informez votre enfant de votre démarche.

Dans tous les cas, rappelez à votre enfant que la sexualité est normale, que la curiosité ou le désir sont naturels, mais qu'il existe des règles :

Qu'il est défendu par la morale, si ce n'est par la loi, de faire cela entre frères et sœurs ou avec quelqu'un de sa famille;

Qu'il est défendu de faire cela entre majeur et mineur de moins de 15 ans ;

Qu'il est défendu de faire cela par la force ou l'intimidation ;

Qu'il est mal de séduire sexuellement un plus jeune en recherche d'affection ;

Qu'il est inapproprié de tenter de séduire un enfant non pubère et avec une grande différence d'âge ;

Et que vous n'accepterez pas que ces règles soient enfreintes. Que pour toutes ces raisons, vous vous trouvez aujourd'hui avec une réparation à apporter à la victime.

La honte chez les abuseurs est si forte qu'en 20 ans de carrière, je n'ai entendu que deux personnes me raconter spontanément comment, enfant, elles ont sexuellement abusé d'un autre enfant. Si les victimes ont du mal à parler, les perpétrateurs ont encore beaucoup plus de difficulté à le faire. Il s'agit soit d'un poids trop grand sur leur conscience et qui pervertit l'image de soi, soit d'un déni débilitant qui scinde l'esprit, trouble le sens futur de la responsabilité. Ne laissez pas votre enfant s'enfermer dans le silence !

Si vous ressentez à son égard un dégoût, un sentiment de rejet, entamez une démarche de psychothérapie, afin de retrouver la capacité d'être un parent entourant, un parent guidant, pour traverser cette épreuve.

Un travail de renforcement général de la notion de limite doit être entrepris et longtemps consolidé.

La notion de limite doit être reprécisée et redéfinie dans la vie courante. Ce travail doit inclure l'attention aux autres, à la communauté, par l'aide à la maison et la prise de responsabilité dans le partage des tâches. On doit exercer l'enfant ou l'ado à imaginer ce que peut ressentir autrui, notamment l'expression de la peur. Vous devez expliquer combien les gestes qu'il a commis peuvent être destructeurs. L'encourager à ressentir de l'empathie envers sa « victime » et à prendre conscience de ce qui l'a poussé à de tels agissements.

Pour cela vous devez sortir de vous-même et de votre ressenti, et canaliser vos émotions.

Il a aussi besoin d'explications concernant la sexualité et l'amour.

En outre, l'enfant, ou en général l'adolescent, a besoin DANS TOUS LES CAS d'un suivi psychologique. Un adolescent qui se livre à un comportement sexuel abusif est un adolescent angoissé, voire dépressif, ou souffrant d'un trouble oppositionnel, et qui éprouve des difficultés à aller vers l'autre sexe.

Ceci est tellement vrai qu'il est plutôt rare de rencontrer un jeune homme abuseur parmi ceux qui ont une relation intime avec une jeune fille de leur âge dans laquelle il existe une dimension physique. J'encourage d'ailleurs les parents à permettre aux adolescents d'avoir des relations sexuelles sous le toit familial. Cette perspective, peut-être choquante au premier abord, évite les ébats dans des conditions dangereuses et les relations compulsives. La sexualité, acceptée dans la famille, trouve plus facilement un cadre.

Un adolescent abuseur a aussi un grand besoin d'expression dans le sport pour se défouler, apprendre à maîtriser son corps et à canaliser ses pulsions.

Il sera en outre nécessaire de l'accompagner dans les affres d'un jugement, dès lors qu'une plainte aura été déposée. L'idée que votre enfant puisse être jugé peut vous choquer, vous meurtrir, mais il serait bien plus grave pour son avenir de laisser son acte impuni. Le jugement doit être vécu comme une occasion d'apprendre ce qu'a pu vivre sa victime et à devenir responsable de ses actes. Votre attitude sera déterminante.

Il serait néfaste que les familles se positionnent en « ennemies » parce que leurs enfants ont succombé à leur méconnaissance, de part et d'autre.

Je préconise une médiation entre les familles. Elle aura l'avantage d'éviter aux deux jeunes de s'enfermer dans un vécu de victime et de bourreau.

Enfin, s'il ne s'agit que de jeux de curiosité, avec rires, entre enfants du même âge et sans lien de sang, refermez la porte et passez votre chemin, sans faire de remarques et sans vous moquer. Il sera temps plus tard d'amorcer un dialogue ouvert, pour que ces échanges physiques ne dépassent pas leurs espérances.

Comment réconforter nos victimes ?

Un de mes collègues disait avoir reçu une fillette plus traumatisée par les 90 séances de thérapie, avec le précédent thérapeute, que par le viol qu'elle avait subi !

Bien sûr il faut faire consulter l'enfant, **et ce dans tous les cas,** mais pas par un psy de n'importe quelle école.

Je dirais que les psys freudiens[14] ou lacaniens[15] seront, à mon sens, les moins appropriés. Ils entretiennent une « distance thérapeutique », empreinte de froideur et d'un manque de dialogue, qui ne convient pas du tout à un enfant, de surcroît choqué et blessé. D'autre part la théorie freudienne sous-tend l'idée que l'enfant est un « pervers polymorphe » et donc que votre enfant l'aurait bien cherché, ce qui reviendrait à confondre la curiosité sexuelle avec le désir d'assouvissement. Ce n'est

---

14 Se référant à la théorie de Sigmund Freud, psychanalyste, 1856-1939.
15 Se référant à la théorie de Jacques Lacan, psychanalyste, 1901-1981.

jamais le cas à cet âge.

Si la part de curiosité sexuelle, la recherche de contact et de sensualité sont indéniables, les mettre en exergue pour expliquer l'acte dont l'enfant a été victime, c'est le culpabiliser et ajouter à son désarroi. La curiosité ou l'attrait d'un enfant ne justifie jamais l'abus, fût-il entre pairs.

J'ai reçu des patientes dont les psychanalystes avaient tenté de leur faire « avouer » le plaisir qu'elles auraient ressenti lors de l'abus, alors que ce n'était précisément pas le cas.

Dans le très connu cas Dora[16], Freud (1901) essaie de faire admettre à la jeune fille qu'elle désire inconsciemment l'ami de son père mais qu'elle n'accepte pas l'idée d'assumer ce désir. Or il s'agit d'un cas de pédophilie. Freud ne semble pas comprendre que si la jeune fille (14 ans !) est intriguée, flattée et attirée par les hommages de cet homme qu'elle aime bien, elle n'est pas assez mûre pour en accepter les baisers.

Dora n'est pas une hystérique qui refoule, mais une enfant abusée qui ne peut intégrer ce qui lui arrive, et qui n'a pas la maturité suffisante pour le vivre.

---

16 Freud, 1905, Fragment d'une analyse d'hystérie in Cinq psychanalyses, PUF 2008

Si Freud lui avait expliqué que cet homme agissait mal et qu'il suscitait en elle une confusion bien naturellement inacceptable, peut-être ses symptômes auraient-ils cessé. Elle aurait trouvé en Freud un allié, un père transitionnel bon et protecteur, qui l'aurait aidée à se séparer intérieurement de l'attrait de cet homme.

Ce que l'enfant a besoin de comprendre, c'est la façon dont il s'est retrouvé en position de victime, pour ne plus reproduire le même schéma.

Souvent il a déjà ressenti des difficultés à se défendre et à se faire respecter. Le thérapeute devra rechercher si l'enfant a tendance à se laisser abuser à d'autres niveaux et fera travailler le positionnement face à autrui. Il y aura parfois aussi nécessité de connaître l'histoire de la famille, concernant l'abus ou les problématiques de contrôle, domination-soumission.

Après une phase d'écoute attentive des faits, un accueil des émotions, le thérapeute veillera **dans un deuxième temps** à banaliser ce que l'enfant a subi, pour permettre de nouveau l'émergence de la part intacte de la personnalité. Cette banalisation doit se faire de façon progressive, mais non comme un déni, dans un aller-retour entre le traumatisme et la reprise d'une vie normale, dans une intégration et un dépassement de la souffrance. Il montrera à l'enfant que l'abus subi est malheureusement banal et qu'il/elle n'est pas un monstre. On observe alors un soulagement immédiat sur le visage. Il faut aussi lui expliquer, par des exemples de la vie courante (être sous-payé, être calomnié, se faire voler la balançoire pour laquelle on attendait son tour...), que l'abus existe dans toutes les sphères des interactions sociales, et que tout un chacun y est confronté un jour ou l'autre.

Le thérapeute devra restaurer l'image de soi de l'enfant, l'empêcher de basculer dans une dévalorisation ou une pseudo-vie d'adulte, et l'aider à reprendre son rythme.

Une thérapie de type post-traumatique lui permettra de ne pas se « définir » à l'avenir comme une personne ayant subi de l'abus, de ne pas se figer dans cette posture et ainsi de remettre en perspective toute la réalité positive de sa personnalité, et de classer l'abus comme un « évènement » particulier, même s'il a duré dans le temps, et non pas comme central et constitutif de sa personnalité, un filtre par lequel la victime justifierait toute difficulté future face aux challenges de la vie.

Quand l'enfant n'est pas soigné ou mal soigné, l'abus reste sa préoccupation essentielle, consciemment ou inconsciemment. On assiste alors à un double phénomène. Outre les conséquences que l'abus induit, comme nous l'avons vu plus haut, s'installe une « fascination » morbide pour le drame traversé.

Lorsque le travail est bien mené, l'enfant comprendra qu'il n'aura pas à évoquer l'abus à chaque rencontre amoureuse, à chaque relation proche. Sans pour autant que cela soit tabou, il pourra décider que cet épisode ne fait pas partie de sa vie « amoureuse », qu'il est toxique d'en tirer des bénéfices secondaires en apitoyant les personnes avec lesquelles il souhaiterait avoir des relations privilégiées. Cette façon d'entrer dans l'intimité, par des « aveux », phénomène que l'on trouve fréquemment chez les victimes, n'est pas saine.

De même, suite à l'abus, les parents doivent apprendre à se positionner. L'enfant victime doit recevoir beaucoup d'affection réparatrice des parents, mais si possible sans qu'ils entrent dans une surprotection et une compensation. J'ai observé, dans la consultation d'adolescents, que des années après l'abus, les troubles restants étaient parfois à attribuer au comportement surprotecteur des parents.

Les parents peuvent aussi ressentir des

émotions violentes faites d'incrédulité, de honte, de culpabilité, de colère, voire de dégoût pour leur enfant. Le réflexe est aussi de se fustiger : « Comment ai-je pu ne pas voir ?! »

À l'âge de 40 ans, une patiente expose à sa mère l'abus qu'elle a subi chaque été, chez sa nounou qui recevait tout un groupe d'enfants en vacances. Le fils de cette dernière descendait la nuit dans le dortoir.

La mère s'exclame : « Je le savais ! »

Vous imaginez le choc et la colère qu'a pu ressentir ma patiente : « Pourquoi n'as-tu rien fait alors ?! »

La réalité est que la mère ne savait rien. Mais au lieu de s'intéresser à sa fille et à sa peine toujours présente, elle répond à cette révélation sur le registre de la culpabilité d'avoir été une mère qui n'a rien vu. Elle ne peut se décentrer de sa propre personne pour accueillir la peine de sa fille et admettre que, malheureusement, elle n'a pas été suffisamment à l'écoute pour remarquer, comprendre ou deviner le sens d'une tristesse, d'un malaise, d'un changement d'attitude au retour des vacances.

On observe que certains parents ne peuvent entendre, ni émotionnellement accepter que leur enfant a pu être abusé par leur fils, leur mari, leur femme, fille ou sœur (mais s'il existe, l'abus par une femme est très rare), leur frère, père, leur ami... surtout sous leur toit !

Découvrir qu'ils ont dormi de ce qu'ils pensaient être le sommeil du juste, pendant que leur petite fille ou leur petit garçon subissait cela dans la chambre d'à côté, est insoutenable. Imaginer que quelqu'un en qui ils avaient confiance ait pu abuser de leur enfant est ingérable. Ils préfèrent donc ne pas croire, voire prétendre à l'affabulation, plutôt que de se remettre péniblement en cause, et d'avoir éventuellement à restructurer leurs relations, parfois toute leur vie actuelle. Certains font la sourde oreille, par peur, par angoisse d'avoir à briser la cohésion familiale, parce qu'ils ont eux-mêmes subi ou exercé de l'abus et qu'il n'a pas été entendu ni soigné.

Dans tous les cas, il n'est jamais trop tard pour faire un travail sur soi, pour soigner son passé, et réussir à aider son enfant. Un psychothérapeute ne vous jugera pas.

Si le ressenti de honte est prévalent, si vous avez le désir d'enfouir les faits, faites-vous aider. La honte vient de l'association identificatoire avec son propre enfant, perçu pendant longtemps comme une extension de soi-même. En positif, nous tirons de la fierté de ce qu'il réalise, même lorsqu'il est adulte. L'abus que notre enfant subit ou perpétue, nous le subissons émotionnellement et parfois nous le ressentons jusque dans notre chair.

La colère peut surgir quand nous évoquons toutes les fois où nous avons mis notre enfant en garde contre les mauvaises relations, une proximité sentimentale que nous n'approuvions pas, ou sur une tenue que nous trouvions déplacée. Mais avons-nous eu le bon dialogue ? ou avons-nous juste lancé des phrases de protestation, teintées d'accusation sans une vraie explication sur les limites et les conséquences possibles ? Avons-nous posément expliqué ce que nous redoutions ?

Le dégoût viendra aussi si nous n'assumons pas la curiosité sexuelle de l'enfant et sa méconnaissance dont nous sommes en partie responsables. L'enfant sexué est difficile à accepter.

Si suite à l'abus de votre enfant vous vous sentez incapable de l'entourer, un soutien psychologique vous aidera à explorer vos émotions et à appréhender ce que cela suscite en vous. Certains psys, non formés en profondeur à la psychologie tenteront de balayer votre culpabilité : « Vous ne pouviez pas savoir ! »

Ce n'est pas ce dont vous avez besoin. Une simple amie pourrait vous dire la même chose. Vous devez comprendre en profondeur ce que l'abus, subi par votre enfant, fait résonner en vous inconsciemment et malgré votre bonne volonté.

La masturbation compulsive

Je suis chez un ami. Romain et Théo sont au lit. Leur père va vérifier s'ils dorment. Ils ont sept et trois ans. Le père revient en plaisantant sur le fait d'avoir trouvé ses petits essoufflés. Comme chaque soir, ajoute-t-il.

Jusqu'au XXe siècle, la masturbation était réprouvée et l'on culpabilisait les enfants. Aujourd'hui dans la culture occidentale, nous sommes passés à l'extrême inverse. On ne parle quasiment plus de la masturbation comme d'un problème et néanmoins elle reste taboue.

Dans beaucoup de milieux sociaux et avec ses amis intimes, on peut aujourd'hui évoquer ses rapports sexuels, plaisanter, surtout dans une périphrase : « Excusez -nous d'être en retard, mais le dimanche matin, le petit câlin est sacré », « Nous étions bien occupés », et tout le monde sourit. Il est courant que les amies intimes se racontent leurs ébats et partagent leurs expériences. Mais qui arrive en lançant : « Excusez-moi du retard mais je me faisais un petit câlin » ?[17]

---

17 C'est d'ailleurs la raison pour laquelle elle est évoquée dans le film de Scorsese Le Loup de Wall Street, pour provoquer le spectateur.

La masturbation n'est pas un problème en soi mais elle peut le devenir, surtout lorsqu'il n'y a pas de dialogue.

L'exploration de son corps par l'enfant commence dès les premiers mois, organes génitaux inclus, dès lors qu'il ne porte plus de couches ou lorsqu'il est nu. Les très jeunes enfants se livrant à une réelle masturbation sont rares et des enfants particulièrement anxieux.

Lorsque l'anxiété est très forte certains adolescents pratiquent une masturbation compulsive allant jusqu'au malaise physique. Ils se masturbent en se réveillant, sous la douche, dans les toilettes du collège ou au lycée, après la classe quand ils sont seuls à la maison, et pour s'endormir, ce qui fait un total de six ou sept fois par jour. On constate parfois une maigreur à cause d'une déperdition trop importante de liquide séminal.

L'adolescent s'épuise littéralement.

Si on met en garde les sportifs de haut niveau contre la masturbation compulsive, aucune information n'est donnée aux autres.

La masturbation compulsive est le reflet d'un

grand malaise et agit comme automédication contre l'anxiété, l'angoisse, l'insomnie et la dépression.

Aucun adolescent ne consulte pour demander de l'aide par rapport à ce qui devient une véritable addiction. Mais en thérapie de nombreux hommes, et certaines femmes, témoignent en avoir souffert. J'ai reçu de la part d'hommes des demandes directes de thérapie, juste pour cette indication. Car même amoureux et vivant en couple, ils n'arrivaient à se satisfaire des seuls rapports sexuels avec leur compagne, et continuaient une masturbation compulsive, dont ils souffraient.

Pour certains ce sont de véritables rituels contre la solitude et l'anxiété. Un jeune patient me disait gâcher toutes ses soirées quand il s'enfermait dans l'habitude qui consistait à consommer de l'alcool, des cigarettes (un paquet dans la soirée) et de la pornographie, pour aller se coucher épuisé, vide et déprimé.

Sur internet, on trouve des témoignages dans lesquels des étudiants évoquent leur addiction à la masturbation :

« *He oui, je suis pris avec ce problème depuis longtemps. Mais les choses ont empirées lorsque je me suis branché sur Internet... Il y a une grande part* de moi-même dont je ne suis plus maître maintenant. Quelle perte d'énergie ! Si vous saviez le temps que je perds dans la consommation d'images pornographiques, c'est incroyable. Internet est tout de même pratique pour une personne comme moi qui étudie en informatique alors je ne puis m'en débarrasser. Je ne sais plus quoi faire, j'ai besoin d'aide. » Le pseudo de cette personne est « fatigué »...

Un autre lui répond :« *Et bien tu sais, j'ai exactement le même problème que toi, et c'est extrêmement dur de vivre avec ça, car j'ai l'impression que ça détruit mon équilibre affectif, mes relations avec les filles, ma confiance en moi, ma volonté. Les ravages sont énormes, et, seront-ils réparables ? Comment vais-je aborder la prochaine fille que je rencontrerai? Je suis complètement désemparé face à cette situation, et je n'attends qu'une chose : pouvoir m'en sortir, sinon je ne vois pas quelle tête mon avenir pourra avoir...* »

Le pseudo de cette personne est : « je vais mourir ? »...

Il est regrettable que, depuis l'époque de la « libération » de la masturbation et de la sexualité, aucune information fournie aux adolescents ne leur permette de repérer s'ils souffrent de masturbation compulsive et de savoir qu'ils peuvent être aidés.

Les seuls documents qui évoquent ce problème, sur internet, sont ceux de certains groupes religieux évangéliques. Mais hélas, ces documents prohibent tout bonnement la masturbation, les références bibliques évoquées interdisant de « gâcher sa semence ». Les adolescents sont donc soit livrés à eux-mêmes, soit culpabilisés.

Autre témoignage internet :
« Quand j'ai vu ton mail (celui du garçon qui dit en souffrir) j'allais presque en rire quand finalement moi aussi je le fais. Et là tu viens de me culpabiliser. Je pense que la masturbation existe chez tout homme et même sans internet tu le ferais aussi. Des gens le font avec des magazines, avec des images dans leur tête. Alors je pense que c'est un problème d'habitude. Je pense que déjà tu devrais essayer de diminuer la fréquence et de le faire à 2 fois par jour puis 1. Sors, trouve une activité et ça ira mieux. Bon courage mais en soi c'est naturel de faire ceci au contraire il faut le faire quand tu as envie mais bien sûr il faut doser. »

Il est difficile de savoir où en sont nos adolescents. Difficile de poser des questions qui pourraient être perçues comme intrusives. L'information qui pourrait être passée au niveau du collège, dans les cours d'éducation sexuelle ou dans les livrets sur l'éducation sexuelle, permettrait de transmettre aux ados ces notions sans les choquer.

Mis à part les interventions ponctuelles en milieu scolaire, le planning familial, ou les radios pour jeunes, il n'existe pas d'endroit où les adolescents puissent être accueillis pour parler librement de la masturbation et des problèmes qu'elle leur pose. En thérapie, ils s'expriment rarement sur ce sujet. Et dans la mesure où un enfant ou un adolescent peut parler de son anxiété et s'en défaire, on peut dire que cette problématique est en partie directement traitée à la source.

Comme il s'agit essentiellement de garçons, le père peut toutefois évoquer subtilement le sujet et faire savoir que la masturbation compulsive est néfaste.

Comme nous l'avons vu dans les témoignages, elle culpabilise et déprime le jeune. Elle révèle souvent une difficulté à se socialiser et à aborder les personnes de l'autre sexe. Il serait souhaitable que les pères donnent des conseils de « drague », rassurent sur la difficulté naturelle à entreprendre une relation intime. Les garçons sont souvent anxieux à l'idée d'un premier rapport. Ils ont peur de se ridiculiser par une piètre performance, ou redoutent l'engloutissement dans le vagin dont ils ne peuvent imaginer le contact. Il suffit alors d'évoquer les différentes textures, les comparer à celle de la bouche avec les lèvres, la langue et la salive, pour qu'ils soient rassurés. Leur expliquer aussi que les jeunes hommes tiennent rarement l'érection, et même les hommes adultes lors d'un premier rapport avec une partenaire, surtout s'ils éprouvent des sentiments.

Depuis l'ère d'internet, on observe une recrudescence de ce profil de garçons timides. L'adolescent a l'air occupé et partage même des jeux en ligne avec des copains, ce qui masque le manque de relations sociales véritables.

Les mères devraient tranquilliser les filles qui craignent la douleur d'un premier rapport et ressentent un sentiment d'étrangeté à l'idée de la pénétration du membre viril.

Bizarrement, les parents sont parfois rassurés du retard de leurs enfants dans l'expression de la sexualité, pensant ainsi s'éviter des tracas. Mais les soucis se font sentir au-delà de 20 ans et les jeunes adultes encore vierges viennent souvent consulter pour leur peur du sexe. Ils sont désemparés. Contrairement aux idées reçues sur les « vieilles filles » et « vieux garçons », ces adultes-là sont en général tout à fait intelligents et séduisants. Ils font souvent de belles carrières, et leur virginité douloureuse n'est soupçonnée par personne.

J'ai eu des demandes de consultation pour phobie sexuelle, de personnes ayant atteint les 40 ans. Aucun de leurs amis ou membres de leur famille n'imaginait le drame qu'elles vivaient.

Toujours sur ce même site, une autre personne lance : « *Salut ! Moi c'est pareil... sauf que je ne me culpabilise pas. A mon avis, la solution, c'est de prendre son pied, sur des sites gratuits (c'est mieux pour moi qui suis fauché), et de penser aussi à autre chose de temps en temps... Alors que si vous vous culpabilisez, vous risquez d'y penser encore plus souvent ! Après tout, ce n'est qu'un plaisir parmi d'autres. Puissant, certes, mais il y a d'autres plaisirs dans la vie ! La solution, c'est d'être attentif à son propre plaisir : si on a vraiment le souci de soi-même et de son plaisir, alors, on ne risque rien : on va découvrir aussi que le plaisir, c'est aussi le plaisir social, le plaisir qu'on retire des relations (pas seulement sexuelles)... On arrive peu à peu à trouver du plaisir partout, de l'émotion partout, et ça c'est super !* »

Le pire est que la satisfaction ne dure pas. L'autre internaute reprend : « *L'éjaculation ne me procure aucune satisfaction ni surtout aucun répit. J'ai envie de recommencer ; je ne sais plus comment faire car je ne pense qu'à ça et cela mange mon énergie et mon temps ; Si tu peux m'aider ou m'orienter je te remercie à l'avance.* »

Comment, après des témoignages tels que ceux-là, peut-on encore dire que la masturbation est juste quelque chose de « rigolo » et d'inoffensif ?

Dans la suite de la conversation, les internautes se conseillent, comme aide, les antidépresseurs, sensés faire baisser la libido, les groupes qui combattent le sexe compulsif, la visite à un sexologue, le sport intensif, ou encore de se concentrer sur une œuvre caritative !

Sur un autre site, joli d'ailleurs, et **dédié aux ados**, je suis choquée de découvrir ce que le « Docteur » écrit.

Vous y lirez un fatras d'imbécilités que votre ado est susceptible de consulter. Je vous le livre tel quel, fautes d'orthographes comprises :

« Se branler a de nombreuses fonctions que nous allons détailler ici. Chez le jeune, la masturbation a pour rôle de faire naître et développer la fonction « plaisir ». Plus on se masturbe et plus le plaisir est grand grâce à l'activation de connections nerveuses nombreuses. De plus, elle sollicite les testicules qui produisent les spermatozoïdes du sperme chez les garçons ; les ovaires qui produisent des ovules chez la fille mais également une hormone de croissance dont les premiers organes touchés sont les organes caverneux (verge, clitoris, lèvres et seins) . A cet âge la masturbation est donc une excellente chose. Chez l'adolescent, la masturbation stimule la production de spermatozoïdes en quantité ce qui évite les oligospermies (quantité insuffisante de spermatozoïde) et donc la stérilité. Il est évident que cette fonctionnalité n'intéresse que ceux qui ont l'intention d'enfanter un jour. De la même façon, les éjaculations fréquentes permettent d'éliminer de façon importante les spermatozoïdes anormaux donc les naissances anormales. Chez la fille, la masturbation concourt à la fois à stimuler la production d'ovaires (sic) mais aussi à stabiliser les menstruations – travail que la prise de la pilule parfera (sic) (après visite médicale chez un bon gynécologue) - Sans compter, bien entendu, la fonction de compensation de l'absence de relations sexuelles et de l'abstinence. Se masturber provoque la production d'endorphine qui limite l'énervement chez l'adolescent, ralentit la prise de tabac (une branlette vaut une cigarette) ou de drogue ; la jouissance provoque le réflexe vagal (encore appelé « petite mort ») dont on peut se servir pour combattre une insomnie. Chez le jeune adulte on retrouve un peu les mêmes fonctions que chez l'adolescent mais à la différence, cette activité est compensatoire à une activité sexuelle avec partenaire. Une légende à laquelle il faut absolument tordre le cou : on n'arrête pas de se masturber parce qu'on a un partenaire régulier. On se masturbe avec son partenaire et se sont alors des jeux érotiques et il n'est rien de meilleur qu'une branlette partagée avec celui ou celle qu'on aime. On se masturbe sans son partenaire, pour tout un tas de raison et c'est alors la fonction de compensation qui est utilisée. Chez l'adulte mature ils doivent utiliser la masturbation pour stimuler leurs fonctions libidinales : fabrication des spermatozoïdes et conserver la quantité et la qualité des érections. Il ne faut pas se laisser aller entre deux partenaires même s'ils ont tendance à s'espacer de + en + (bande d'enfoirés !) Mais surtout, quel que soit l'âge, n'hésitez jamais à vous branler juste avant un nouveau partenaire surtout si ça fait longtemps que vous n'en avez pas eu. Ca évite la nervosité et la fébrilité (donc moins de râteau) et surtout fait reculer le spectre de l'éjaculation précoce ou d'un rapport frigide (ce qui est toujours désagréable pour une fille). »

Et il poursuit : « *La masturbation : combien ?* »

« C'est vraiment l'élément pour lequel on trouve tout et n'importe quoi. Le jeune adolescent commence par se branler de 3 à 5 fois par semaine puis le goût venant, ce rythme augmente jusqu'à une fois par jour en moyenne. L'adolescent grandissant, ce rythme augmente encore et monte au rythme de 3 à 5 fois par jour toujours en moyenne. A l'arrivé du premier partenaire, les décharges émotionnelles étant très puissantes, le rythme baisse alors lourdement. Et surtout elle varie selon la présence ou l'absence de partenaire (ruptures et conquêtes) et aussi selon la motivation du partenaire. En tout état de cause, selon si on a ou pas un partenaire, le rythme total de rapports + masturbation ne devrait pas descendre sous les 3 fois par semaine. Encore une fois le cycle masturbatoire d'une fille est moins prolixe et moins régulier. De même, la présence ou non d'un partenaire à moins d'influence sur son rythme. Il n'existe pas de rythme pathologique. Vous pouvez très bien ne pas vous masturber du tout... Tant pis pour vous ! Les sexologues commencent un peu à lever le nez si vous dépassez les 15 branlettes quotidiennes régulièrement. En fait, levez le pied si vos éjaculations deviennent douloureuses ou que vous éjaculez du sang. Alors là, direction sexologue...

Il y a peu de pathologie sur la masturbation de la fille si ce n'est la cystite(inflammation des voies urinaire par l'introduction de germes exogènes). »

Il termine par : « *La masturbation : comment ?* »

« Alors là ! Tout est bon du moment que vous vous faite plaisir. Attention de ne pas rester coincé dans quoi que ce soit pour cause de priapisme (érection pathologique permanente) : le décoinçage est douloureux, c'est le coup de bistouri dans les corps caverneux ; à éviter donc !

Mesdames et mesdemoiselles, faites attention à se que vous introduisez dans votre vagin : les muqueuses en sont fragiles et les infections fréquentes ; n'hésitez pas à lubrifier. Le top c'est bien sûr quand on est pas tout seul et après c'est selon vos goûts 1 seul partenaire ou à plusieurs.

Hmmm !!! Docteur Z., conseiller en sexualité. »

Quand on lit de telles inepties, que nos enfants peuvent prendre au sérieux, on réalise combien il est important et urgent de mettre en place des cellules d'accueil dans les collèges, que les infirmières scolaires soient formées à ce sujet, et que les parents se fassent un peu violence.

Mis à part le côté addictif, la masturbation induit une autre difficulté. Quand des patients consultent pour des problèmes de couple et évoquent leur insatisfaction sexuelle, je pose la question de la durée du coït. La plupart des hommes me répondent « Oh, normal. » Jeune thérapeute, je tenais cette réponse pour suffisante. J'ai appris à insister. Combien de temps exactement ? Beaucoup ripostent : « Mais je ne chronomètre pas ! », comme si cela se jouait en secondes ! Quand enfin j'obtiens la réponse, j'apprends que beaucoup tiennent entre deux et moins de dix minutes. Or, on sait que dans la plupart des cas, il faut plus de dix minutes à une femme pour atteindre l'orgasme.

J'ai mis du temps à comprendre qu'il existait un lien direct entre l'éjaculation précoce et la masturbation. La masturbation se fait en ligne droite, pour obtenir la jouissance au plus vite, et l'homme n'arrive plus à se retenir dans la pénétration, encore plus stimulante.

En outre, avec l'internet et les films pornographiques, les images utilisées pour la masturbation ne sont pas des créations personnelles de l'imagination. Ce sont des images choquantes qui assaillent les adolescents et desquelles il leur est quasi-impossible de se soustraire. On se trouve de nouveau devant le problème du rythme d'acquisition.

Si l'enfant est jeune et que l'on surprend ce genre de comportement, il est nécessaire de faire consulter pour réduire l'anxiété.

Si l'on suspecte ce problème chez un adolescent, il faut livrer ses inquiétudes sans le culpabiliser, ni plaisanter, le plus simplement possible. Et expliquer que le sexe est une chose naturelle, la masturbation aussi, mais qu'une pratique trop fréquente révèle une souffrance émotionnelle et qu'un psy pourra l'aider.

Le porno, pourquoi c'est problématique ?

Je sors un mardi soir très tard de mon cabinet, situé à l'époque à mon domicile, raccompagne mon patient à la porte et rejoins mes enfants dans le salon. Je trouve mes deux petits, neuf et douze ans, assis bien sagement sur le canapé, concentrés devant un film érotique de l'une des grandes chaînes TV. Je reste un instant interdite. Mon premier réflexe est bien sûr de vouloir éteindre immédiatement . Je marque un temps, ne souhaitant pas les traumatiser.

Je choisis de m'assoir avec eux, décidant que le moment est venu de leur apprendre certaines choses sur la « pornographie ». Je regarde donc quelques minutes de ce film apparemment passionnant, pour pouvoir en discuter.

Au moment où je prends le film en cours, Brigitte (est-ce cela qui a particulièrement attiré leur attention ?), l'héroïne, est chez son kinésithérapeute et se voit proposer un service tout autre que celui pour lequel elle est venue. Pour rendre le scénario encore plus croustillant, le kiné est évidemment aidé de son assistante. Les deux commencent à caresser Brigitte.

J'éteins la télé et leur demande s'ils savent ce qu'est ce genre de films. Mon fils de douze ans semble au courant. La petite est visiblement fascinée. Ils me racontent qu'en vacances avec Papy, mon père parti se coucher, ils ont déjà vu cela. Le moment est venu de mettre les choses au point ! Et peut-être même aurais-je dû le faire plus tôt, mais comment imaginer ? Tout ceci se passait il y a 20 ans et je n'étais pas consciente de ces programmes.

Je leur explique que certaines personnes ne comprennent pas l'amour physique comme un partage d'amour et d'affection, que c'est juste une envie au niveau du sexe et qu'alors la personne est un « objet ». Que dans cette expression, le sexe est montré comme sale. Que ce que ce film propose n'est pas le reflet de la réalité de la vie sexuelle de la plupart des gens. Que les femmes ne poussent pas des hurlements tonitruants dès la première seconde dans les vraies relations, du moins pas quand le sexe est envisagé comme la rencontre à tous niveaux de deux personnes. Qu'elles n'ont pas ces roulements d'yeux qui évoquent à la fois plaisir et dégoût et que les hommes n'ont pas cet air d'infliger une punition. Que certes certaines personnes le pratiquent ainsi, mais qu'il est alors coupé des sentiments et du sexe bon, du partage de l'amour ou au moins d'une certaine affection au niveau physique. Et tout cela confondu, que je ne leur souhaite pas de vivre la sexualité de cette manière.

Je pense que cette explication et mon point de vue, leur ont permis de comprendre qu'il existe différents niveaux d'émotions et types de relations physiques entre les gens. Et d'envisager que plus tard ils pourraient choisir.

J'ai eu un certain nombre de patients n'arrivant à se motiver pour faire l'amour que s'ils regardent un porno. On parle de se libérer sexuellement, d'oser, de mettre du piment dans sa vie en s'offrant comme objet sexuel. A quand la mode d'une sensualité confirmante ?

Lorsqu'on « aime » quelqu'un, on l'a certes d'abord rencontré physiquement et c'est le premier degré, ce que l'on voit de cette personne et ce que l'on touche. Mais on l'a aussi découvert cérébralement dans sa conception du monde et pour partager des projets. On l'a enfin approché au niveau du cœur et des sentiments, et pour certains au stade spirituel (en tout cas beaucoup de mariages sont encore célébrés dans les lieux de cultes).

A une certaine époque les hommes mariés avaient l'habitude de séparer les genres. Ils allaient demander aux prostitués ce qu'ils ne réclamaient pas à leur femme : le sexe « sale ». Le sexe sale est celui où l'autre n'est plus qu'un sexe, c'est la pulsion qui morcelle.

Si l'on approche son/sa partenaire à tous les niveaux, il est quasi impossible de pratiquer ce que l'on voit dans les films pornos. Surtout de cette « manière » là, à moins d'être très « splitté » intérieurement, d'être incapable de synthèse interne. Même la rencontre d'un soir peut être belle et joyeuse, quand le sexe est envisagé comme un échange chaleureux et passionnel.

Dans les pornos occidentaux, les femmes sont en général montrées de manière dévalorisante, comme des « cochonnes » qui « aiment ça », et les hommes dans une attitude qui suggère le sexe comme une arme : « Puisque t'aime ça, je vais t'en mettre un grand coup ! » Dans certaines cultures, comme dans la culture japonaise, la peur du rapport et la soumission de la femme génèrent la stimulation. Les organes sexuels sont d'ailleurs cryptés, c'est donc bien l'attitude et l'interaction des partenaires qui excitent.

Quelle que soit votre conception personnelle des

rapports, il faut se demander : Que souhaitez-vous que vos enfants comprennent de l'amour ? Quelles images des hommes et des femmes et de leurs relations votre enfant concevra-t-il s'il est exposé à du porno ?

Si vous trouvez mes propos rétrogrades, pensez à votre conception. Souhaitez-vous avoir été conçu(e) par deux personnes qui s'inspiraient d'un porno, en *live* ou dans leur tête ? Préférez-vous imaginer votre mère comme une femme au regard lubrique et votre père comme un prédateur ? Ou souhaitez-vous avoir été conçu(e) par deux personnes qui se regardaient amoureusement dans les yeux et qui ressentaient de la joie de s'unir physiquement ? Qui se murmuraient des paroles d'amour et qui étaient émues de se toucher, qui vibraient de l'ivresse de l'étreinte jusqu'à l'extase?

Imaginez que vos enfants vous posent la question. « Vous m'avez fait comment ? » Quelle réponse lui donnerait du bonheur ?

La plupart des femmes témoignent en thérapie de l'envie de se sentir aimées pendant la rencontre sexuelle, désir cohérent d'un point de vue de la psychologie évolutionniste, à savoir s'attacher le partenaire pour élever les petits. Ce sont en général les hommes qui morcellent la femme et désirent seulement un sexe. Les hommes sont visuels dans la sexualité car ils « voient » leur sexe. Une certaine culpabilité et honte de la masturbation y ont associé une image de salissure.

A l'opposé, leur sexe envoie aux filles des sensations et non une image. Dans la masturbation ou le simple rêve éveillé, comme ces sensations sont internes, les jeunes filles évoquent l'autre, la plupart du temps en fermant les yeux. Elles imaginent la caresse, la pénétration, l'homme en elles formant un tout avec elles. C'est pourquoi les femmes sont moins consommatrices de pornos. Lorsqu'elles s'envisagent comme un sexe morcelé, c'est en général suite à la demande de l'homme, de ce qu'elles perçoivent de son désir, le résultat de son approche ou encore parce qu'elles ont subi de l'abus.

Pourquoi les images pornographiques ne sont-elles pas acceptables pour les enfants ou les adolescents ?

Les images pornographiques impriment fortement l'esprit des enfants, en choquant leur conscience vierge de toute image sexuelle. Lorsque vous n'anticipez pas que les enfants puissent accéder à ce genre d'images, ou que vous ne les incitez pas à s'en protéger, vous leur rendez extrêmement difficile leur future vie érotique et l'amour dans la rencontre physique. Vous leur volez leur capacité d'élaboration, les rêves sensuels qu'ils construiront seuls avec leurs propres désirs.

Si l'on fait un parallèle avec la nourriture, aucun enfant n'avalera le repas s'il commence par le dessert. Le met sucré est une touche de jouissance qui doit arriver en son temps. La pornographie se focalise sur la jouissance et gomme toute l'approche sensuelle. L'autre arrive et on en jouit. On l'utilise seulement... pour s'en débarrasser au plus vite. C'est la raison pour laquelle l'utilisation d'un porno pour la masturbation ne dure en général que quelques instants. Personne ne s'intéresse au scénario.

Par ailleurs, on constate aujourd'hui que les enfants pratiquent de plus en plus jeunes, parfois à 10 ou 11 ans, des actes que les couples découvraient autrefois très progressivement, parce qu'ils ont vu fellations, sodomie, *bonding,* dans des vidéos. Dans leur innocence, ils imaginent que c'est la sexualité de base.

Et non seulement ces images frappent leurs esprits mais elles y « collent ».

De tels clichés restent présents des années durant. Ils s'appuient sur l'excitabilité sexuelle naturelle de l'enfant et l'orientent, l'enfermant dans une « consommation ». Il est emprisonné.

En le laissant accéder au porno, on a bridé sa future capacité à jouir pleinement de l'amour.

L'homosexualité, seulement si c'est vraiment son choix !

L'homosexualité n'est pas un mode de vie facile et de nombreux parents redoutent, même avec la possibilité du mariage gay, que leur enfant ne soit homosexuel.

La raison en est que d'une part l'homosexualité continue d'être difficile à assumer socialement[18], d'autre part ils désirent avoir des petits enfants.

En outre il est compliqué pour certains de respecter les homosexuels. L'agressivité et le rejet à leur égard, l'homophobie, révèle que les personnes se débattent intérieurement contre de tels penchants (le plus souvent inconscients) ou sont révélateurs d'une rigidité mentale et d'une manière générale d'une propension au dégoût.

Dans les thérapies d'homosexuels, j'ai découvert une grande solitude. Surtout s'ils ne sont pas

---

18 De nombreuses personnes homosexuelles continuent de le cacher au travail par exemple.

acceptés en tant que tels par leur famille. Et si dans leur jeunesse ils bénéficient d'une communauté chaleureuse et plutôt festive, ils s'en lassent avec l'âge et se retrouvent souvent isolés.

La majorité des homosexuels n'ont pas d'enfants, ce qui est en passe de changer, mais avec bien des questionnements à la clé. Ils souhaitent souvent développer un lien avec leurs neveux et nièces, mais cette affection ne sera pas forcément retournée ni acceptée.

L'homosexualité, vécue de plus en plus au grand jour, continue d'être difficilement approuvée. Dans le milieu du travail, on n'en fait état seulement lorsqu'une grande confiance est installée. On ne s'embrasse pas ou peu en public. On doit sans cesse vérifier le degré d'acceptation possible avant d' « avouer » son homosexualité.

S'engager sur la voie de l'homosexualité, c'est encore aujourd'hui s'exposer à une vie compliquée et j'ose affirmer, n'en déplaise à certains, qu'on ne doit pas encourager les enfants dans ce sens, même si devant le fait accompli on se doit de leur conserver notre affection intacte.

Si l'homosexualité ne correspond pas à une prédisposition profondément ancrée dès l'enfance, comme dans le cas de l'hermaphrodisme (ou intersexuation), elle risque de se développer à la période où l'enfant est toujours potentiellement bisexué.

L'homosexualité se met rarement en place sur une tendance initiale profonde, mais souvent plutôt suite à un traumatisme ou une agression.

S'il existe des enfants naturellement et dès leur plus jeune âge attirés par le même sexe, la plupart des homosexuels rapportent que petits ils ont été amoureux d'enfants du sexe opposé, puis ont basculé, suite à un traumatisme. Ces traumatismes sont d'origines diverses.

Si nous reprenons la genèse de l'émergence de la sexualité chez l'enfant, le désir sexuel s'exprime possiblement sur n'importe quel support. L'excitation peut être éveillée par le contact d'un jouet en peluche, l'érection d'un animal, un objet comme une rampe d'escalier ou tout objet qui peut se loger dans l'entrejambe, enfin par le contact de toute personne. Pour l'adulte, le même phénomène se produit si nous n'avons rien de satisfaisant pour nous combler ou si nous avons peur.

Par contre c'est le sentiment amoureux qui oriente vers l'autre sexe. Ce sentiment amoureux chez l'enfant est spontané.

Dans les thérapies d'homosexuels, j'ai constaté dans de nombreux cas que les personnes s'étaient tournées vers l'homosexualité soit par peur, soit par gêne et honte des pulsions envers l'autre sexe, ou inhibition dans l'initiative amoureuse.

Lorsqu'on se moque des sentiments amoureux des petits enfants, on génère de la honte. Les enfants timides ou sensibles peuvent décider qu'on ne les y reprendra plus.

A l'école, ils affrontent les moqueries des enfants qui ne sont pas aussi mûrs. Ils ont alors besoin du soutien de leurs parents, pour encourager leur sentiment et leur apprendre à se défendre.

Les enfants moins mûrs et qui n'ont pas accès à de tels états d'âme, perçoivent cette émotion comme quelque chose de ridicule. Surtout qu'en général dans les jeux de cour, les enfants sont répartis dans le sens d'une séparation des sexes : les garçons jouent au foot ou ont des jeux plus actifs et les filles s'amusent de façon plus calme ou plus relationnelle.

D'ailleurs, à ce sujet, les parents qui par peur de l'homosexualité insistent pour que leur fils partage des jeux de garçon et dévalorisent le féminin, ont tort.

L'enfant plus cérébral et moins physique est souvent un enfant précoce au niveau émotionnel et un garçon « féminin » n'a pas forcément une prédisposition à l'homosexualité.

Certains parents dévalorisent ce type de garçons et leur mettent en tête qu'ils sont de futurs homosexuels, ce qui est profondément perturbant.

De même on traite les filles qui s'associent volontiers aux garçons de « garçons manqués », même de nos jours. Les mouvements féministes se battent d'ailleurs encore sur ce sujet.

Or, outre le besoin de s'exprimer physiquement, une fille qui recherche les garçons a souvent quelque rêverie qui lui donne l'envie de rencontrer l'autre sexe, sous le prétexte du jeu. Les airs de vitalité virile sont en fait une adaptation pour exprimer leurs sentiments et jouir du fonctionnement de leur corps.

Enfin, certains parents s'agacent de voir leur enfant « amoureux », surtout lorsque cela prend des proportions qui leur déplaisent et qui leur semblent déplacées. Quand les enfants amoureux sont tristes, les parents prennent fréquemment cela à la légère. Ils rient et disent : « Tu as bien le temps ! », « Qu'est-ce que tu vas chercher ?! », « Tu ne ferais pas mieux de jouer ? » Il arrive même qu'ils le racontent à leurs amis comme une anecdote amusante, et pire, devant l'enfant.

Ces réactions sont blessantes et peuvent humilier et inhiber la capacité à être amoureux.

Comme autre source de traumatisme, on constate que certains enfants ont assisté à des réactions violentes à l'égard des relations amoureuses de leurs aînés.

Une de mes patientes avait inhibé ses sentiments pour l'autre sexe lorsque, âgée de dix ans, elle avait entendu des propos barbares à l'encontre de sa grande sœur adolescente « tombée » enceinte. Petite fille sage, elle en avait inconsciemment conclu que l'attirance et les sentiments amoureux envers les garçons étaient potentiellement source de honte, de problèmes, dans tous les cas dangereux, et déplaisants pour les parents.

Certaines filles se déterminent lesbiennes parce qu'elles ont assisté à la **violence répétée** du père à l'encontre de la mère qui ne prenait aucune mesure pour quitter son mari. Si la mère se sépare, si le père ou le couple est soigné, elles en concluent que leur père a eu un problème ponctuel et la croyance en la violence des hommes ne se propage pas à tout le sexe opposé. Si la mère ne fait rien, il se crée une peur envers le masculin. Tous les hommes sont potentiellement violents, d'autant plus que la violence est en général une affaire privée et cachée.

Elles n'ont donc pas de référence autre. Dans leur esprit, les hommes qui semblent gentils en public sont probablement violents en privé. D'autant plus qu'elles connaissent les phases alternées de gentillesse et de brutalité, si typiques de la violence conjugale. On comprend donc que leur choix sentimental se porte sur les femmes.

Dans le discours des lesbiennes, la femme représente la douceur et la sensualité, ce qui n'est pourtant pas forcément le cas.

Elles le découvrent plus tard dans une vie de couple.

La violence de la part des hommes à l'encontre de leur épouse est aussi susceptible de déclencher une homosexualité chez le garçon. Comment s'identifier à ce père ? Le masculin leur fait horreur et ils préfèrent ressembler à la mère.

Développer leur potentiel féminin, leur *anima*[19] - par opposition à l'*animus,* élément masculin en chaque femme - leur permet d'échapper à une image qui les angoisse. La féminité leur semble apaisée, bonne, tendre, civilisée.

Une timidité excessive envers l'autre sexe peut aussi amener à l'homosexualité. La confrontation avec l'autre sexe, les travaux d'approches, leur semblent au-dessus de leurs

19 Concept développé par Carl Gustav Jung.

forces. Certains ne sortent pas du tout et deviendront de « vieux garçons » ou de « vieilles filles » (la virginité chez l'adulte est encore, comme nous l'avons vu, très courante et très ignorée), et certains sortent en bande, mais sans jamais oser sauter le pas. D'autres enfin évitent totalement le sexe opposé et ne développent des amitiés que dans un cadre de séparation des sexes (type clubs de sports). Ils deviennent alors une potentielle « proie » (je sais que le mot est choquant, mais dans ce cas il est approprié) d'homosexuels confirmés et qui connaissent ce profil.

L'urgence des besoins sexuels et affectifs pousse les adolescents vierges à accepter de telles avances. Ils en ressentent même de la gratitude. La personne les a enfin sortis de l'isolement. Si c'est en effet un bonheur et une découverte enrichissante sur le moment, cela n'est généralement pas leur choix premier.

On découvre souvent en thérapie qu'auparavant ils ont traversé la douleur d'un amour non partagé pour une personne du sexe opposé, ou qu'ils n'ont jamais osé se déclarer. Ou encore ils ont été repoussés de manière répétée et en sont restés marqués.

Les relations homosexuelles, surtout chez les hommes, sont très faciles. Pas besoin de courtiser, de prendre le temps de difficiles et incertaines approches. Les rendez-vous se fixent sur internet ou instantanément dans un bar ou une boîte gay.

Certains cas sont encore plus tristes. Des enfants ou ados reçoivent enfin « l'amour » de type parental tant attendu dans une relation homosexuelle avec une personne adulte. Je me souviens d'un jeune homme, Xavier, atteint du sida, qui à 14 ans avait été « prédaté » par un adulte homosexuel qui avait senti la faille. Son père qui ne le reconnaissait pas, qui ne l'aimait pas, était soudain remplacé par un homme tombé sous son charme.

S'il n'était qu'un objet dans ce commerce, il en recevait néanmoins un semblant d'attention. Il ne connut donc pas l'amour, puisque dans sa croyance personne ne pouvait vraiment l'aimer. Mais il se livra par la suite à des rencontres de passage nombreuses, et certaines très dégradantes, comme lorsqu'il se prêtait à l'usage des « slings », dans lesquels la personne est attachée pour subir une sexualité consentie, mais dans une mise en scène brutale.

J'ai vu aussi des cas où la séduction d'un adulte du sexe opposé avait dégoûté l'adolescent et l'avait poussé vers les garçons. Un homme m'a confié qu'à 13 ans, la mère d'un copain l'avait entraîné dans sa chambre pour lui faire une fellation. Se rapprocher ensuite des garçons lui avait redonné un sens de sécurité, de connu. Pour lui, la femme était devenue agressive.

Quand on découvre ces différents traumatismes, on ne peut s'empêcher de penser que, dans de nombreux cas, l'homosexualité ne correspond pas à un choix profond et qui fait sens, mais à des peurs ou des manques qui se sont inscrits dans la petite enfance ou l'adolescence. **Et si l'on peut respecter un tel choix de vie, on ne peut que s'opposer à un choix fait par peur, par névrose, par traumatisme !**

Une fois l'option prise d'une vie homosexuelle, elle s'inscrit dans la personnalité. L'enfant se met à se déterminer dans cette identité, une différence qui lui parait souvent valorisante. N'être pas comme tout le monde est certes pénible à vivre sur le long terme, surtout tant que l'homosexualité est cachée à la famille, mais en même temps permet de se sentir individué, différent, atypique.

Toutefois certains homosexuels devenus adultes feront le parcours inverse, en envisageant leur futur et en comprenant qu'ils souhaitent avoir une famille plus traditionnelle qu'homosexuelle. C'est un choix difficile, une prise de conscience douloureuse, qui nécessite beaucoup de volonté et de maîtrise de sa vie pulsionnelle et fantasmatique.

Si votre enfant confirme un choix de vie homosexuelle, faites-vous aider pour l'assumer pleinement et pour parler de son style de vie librement, avec le même respect et le même amour que pour un enfant hétéro. Faites-vous aider si vous ne dépassez pas la déception ou la honte. Rien n'est plus triste que les parents qui tentent de cacher l'homosexualité de leur enfant ou la laissent deviner à demi-mots, empreints de gêne.

La séduction

La maman voit son tout petit garçon lui faire « les yeux doux » et prendre une voix enjôleuse.

Le père, lorsqu'il rentre de sa journée de travail, s'amuse que sa petite fille jette les bras autour de son cou avec des « Mon papa chéri » alors que sa femme s'en est occupée toute la journée.

La séduction existe aussi entre enfants, entre frères et sœurs, remisée derrière le sentiment prévalent de rivalité pour l'attention et l'amour des parents.

Un enfant peut aussi tenter de séduire d'autres membres de la famille ou ami(e)s. On trouve généralement cela adorable.

Parfois l'interprétation de la séduction de l'enfant, par l'adulte ou l'adolescent, pose problème. Cette séduction naïve peut être prise à tort pour des « avances ». C'est parce que l'adulte ou l'adolescent est biologiquement mature qu'il l'interprètera de cette manière.

L'enfant ne recherche le plus souvent rien de plus que « plaire », recevoir de l'attention, se sentir reconnu, une petite marque d'affection, de la chaleur, de la tendresse.

Il se peut aussi que l'enfant aille plus loin. Un père témoigne que sa fille de quatre ans vient régulièrement se frotter sur sa jambe croisée, quand il lit assis dans un fauteuil. D'après sa description, la fillette entre dans un plaisir sexuel évident. Il en parle à son médecin, qui lui conseille curieusement de faire « comme si de rien n'était ». Personnellement, je ne pense pas que le conseil soit judicieux.

Il vaut mieux repousser gentiment et fermement la fillette. Lui dire que son amoureuse à lui est sa maman, ou autre femme dans sa vie, et que les parents et les enfants ne se marient jamais ensemble.

L'autre écueil est que la séduction de l'enfant lui permette d'éviter une punition, d'obtenir un privilège, une récompense injustifiée. Tomber sous le charme de l'enfant est tentant, mais c'est lui apprendre une façon perverse d'atteindre son but en manipulant. Si le charme rend les relations humaines agréables, il n'est pas une façon correcte de résoudre les problèmes. Dans le Yi-king, le livre des transformations, très ancien livre de sagesse chinoise, l'hexagramme de la grâce explique que la grâce est bonne pour les affaires peu importantes mais qu'elle ne peut avoir une place dans ce qui doit être substantiel.

La sexualité nécessite qu'on en enseigne le bon usage. Étant incontournable, il n'est pas question de la réprimer, mais de la canaliser vers un but qui soit bénéfique. Où ? Quoi ? Comment ? Quand ? Avec qui ?

Dans les siècles passés, la religion et la morale prônaient comme solution globale le refoulement de la sexualité et de la sensualité des enfants. Au vingtième siècle, suite aux découvertes de la psychanalyse freudienne et sa théorie de l'émergence des névroses, on a craint de frustrer les enfants et de leur interdire l'accès au plaisir. On s'est mis à souhaiter leur épanouissement y compris sexuel. On a donc donné de la liberté, sans plus apprendre à l'enfant à contenir ses pulsions.

De manière générale, les progrès comportementaux se font par un basculement. Puis on assiste éventuellement à un mouvement de balancier tout aussi extrême, pour corriger les méfaits de cette nouvelle attitude. C'est ainsi qu'aux USA, il existe maintenant un renouveau en faveur de la virginité jusqu'au mariage et pour les deux sexes.

Si cette idéologie a son charme, elle est peu réaliste aujourd'hui et réserve parfois de mauvaises surprises, lorsque les époux se découvrent sexuellement incompatibles. La préservation de la virginité avait un sens à une époque où les rapports risquaient d'aboutir à une grossesse. De nombreux mariages étaient décidés par soucis de réparation.

Depuis plusieurs décennies, ce n'est plus le cas si la contraception est bien comprise. Les enfants nés dans les mariages pour réparation, étaient souvent ressentis comme un poids, moins aimés et choyés, voire même culpabilisés par des phrases telles que : « Nous sommes restés ensemble à cause de toi ! » ou « Si tu n'étais pas arrivé(e), je ne serais pas restée avec ton père ! » Vous pouvez facilement imaginer les conséquences de telles paroles, surtout si l'enfant a la sensation que ses parents n'ont jamais été heureux ensemble.

Il s'agit donc d'apprendre à nos enfants comment envisager la sexualité, de la même façon que nous leur apprenons à ne pas parler dans la rue aux étrangers sans cesser pour autant de s'exprimer avec des proches. Il nous faut leur expliquer avec qui ils peuvent en toute sécurité manifester leur désir de plaire.

C'est un exercice très délicat. La plupart des parents s'en remettent à la chance, en espérant que tout se passera bien. Malheureusement, trop d'enfants tombent dans un gouffre de malheur.

L'opinion publique véhicule l'idée que la sexualité est aujourd'hui libérée. Mais lorsqu'on voit la difficulté des parents à l'évoquer avec leurs enfants, on peut douter de ce qu'il en est réellement.

Je ne crois pas qu'elle le soit. La sexualité est cachée et l'a toujours été, et pour plusieurs raisons. L'une d'entre elles est l'association des organes génitaux (et chez l'homme anatomiquement partagés) aux fonctions d'élimination, élimination qui se pratique universellement de façon privée, sauf dans certains pays pauvres où, faute de moyens pour créer des toilettes publiques, comme en Inde, on fait sur le bord des routes.

Une autre raison est la coupure entre l'image de soi publique et l'image de soi privée. Imaginer autrui dans des ébats, livré aux pulsions du corps, lui ôte de sa crédibilité dans la plupart des esprits. L'image que l'on donne socialement impose une rigidité, un contrôle.

L'être humain s'est tant séparé de l'amour qu'il cache sa nudité, et surtout son sexe, comme un objet de honte ou un endroit de honte. Je crois que cette honte s'est aussi installée à cause de la teneur ou plutôt du manque de teneur émotionnelle des ébats physiques. C'est le manque d'amour qui a rendu le sexe caché. L'échange « amoureux » se réduit souvent à un rapide plaisir dans un seul désir de prédation : une forme de masturbation réciproque.

Enfin, il y a le désir d'intimité et le partage des émotions qui ne se fait qu'à deux.

Pour toutes ces raisons, le dialogue est toujours chargé, et nombreux sont les parents totalement embarrassés quand il s'agit de communiquer avec leurs enfants sur ce sujet, et ce d'autant plus que la plupart d'entre eux n'ont pas eu un dialogue libre avec leurs propres parents. S'il faut donc du courage pour dépasser cette inhibition, c'est un effort incontournable...

Il est nécessaire d'apprendre aux enfants que la séduction peut hélas entraîner certaines personnes dans des agissements qu'ils ne souhaiteraient pas. C'est quelque chose qu'ils ne peuvent imaginer spontanément.

On trouve tout particulièrement cette innocence chez les jeunes filles. Elles désirent être trouvées belles, plaire, être remarquées par les garçons. Mais lorsqu'elles reçoivent des propositions directes, elles sont surprises et choquées. Je suis parfois étonnée de leur naïveté lorsque, dans mon cabinet, elles partagent leur sentiment d'indignation de découvrir les garçons fixant leur poitrine durant les cours, alors que j'ai moi-même une vue plongeante dans leur décolleté. Leur poitrine est exposée, quasi jusqu'au mamelon, et elles passent leur temps à remonter un mini T-shirt, attirant par ce geste encore plus l'attention. Lorsque je leur demande si elles ne seraient pas plus à l'aise en classe avec un haut un peu plus couvrant, elles me toisent, consternées. Elles s'habillent devant leur miroir, avec des critères de Madone. La nouvelle, pas celle des églises, en confondant tenue de scène et tenue de ville, sans penser qu'elles n'ont pas de garde du corps...

La séduction peut prendre plusieurs formes.

La séduction vestimentaire consiste en fait à montrer parcimonieusement ce qui devrait être couvert, dans les normes d'une certaine société. Une personne totalement nue, dans un contexte ordinaire de nudité, sur une plage naturiste, ou dans un cabinet médical, n'est pas particulièrement séduisante... L'exposition, pour être attrayante, dépend du décalage avec les habitudes sociales, de la surenchère dans le contexte. Si tout le monde se dénude de la même façon, ou en même temps, cela devient alors banal et n'attire plus le regard. C'est celle qui va un peu plus loin que les autres qui remporte l'attention. Mais quelle attention?

Il faut expliquer aux filles que, lorsqu'elles se dénudent, elles provoquent un désir sexuel ou deviennent au mieux une sorte de trophée à conquérir.

Les filles ont des difficultés à concevoir cela parce qu'elles ne fonctionnent pas comme les garçons. Elles ne les imaginent pas comme des « objets sexuels », du moins pas à cet âge. Le sexe de la fille, intérieur et non séparé du corps, est source d'une sensation globale et diffuse, mêlée le plus souvent de pensées romantiques. Elles ressentent l'attirance comme un tout, et aspirent donc à un tout. C'est ce qui donnera plus tard aux filles un désir de possession du garçon, alors que le garçon, dont le sexe est extérieur, voudra conserver une certaine liberté, mû par un désir de « distribution ».

Les filles remarquent que les garçons sont attirés par les filles séductrices. Elles en concluent que c'est ainsi qu'on appâte mieux l'homme et qu'elles en obtiendront ce qu'elles désirent : lui, dans son entier.

On doit donc leur faire remarquer cette différence de fonctionnement, dont elles témoignent par : « Les gars ne veulent que du sexe ! »

Dites à votre fille que les jeunes hommes ne veulent que du sexe que quand on ne leur propose que du sexe SELON EUX, selon cette perception différente de la leur.

Apprenez à vos garçons que les filles qui semblent inciter les garçons seulement à des relations sexuelles sont dans une sorte de confusion sur ce qu'elles anticipent, et que la plupart d'entre elles aspirent à une relation romantique.

Les filles sans aspirations romantiques sont souvent des filles abusées et qui se sentent dévalorisées, ou qui ont observé autour d'elles des relations de couple difficiles.

La séduction vestimentaire est une sorte de méprise. C'est pourquoi de part et d'autre il s'ensuit un sentiment de colère. « Elle m'allume ! », peste le garçon, et « Il ne pense qu'à coucher avec moi ! », s'indigne la fille.

Faire percevoir aux enfants les approches différentes des deux sexes est important, sous peine de les voir s'exposer à de grandes déceptions et frustrations.

La séduction dans le comportement se fait par des paroles, une tenue du corps, des gestes suggestifs, voire provocateurs. De nombreuses jeunes (ou moins jeunes) chanteuses, et parfois chanteurs, utilisent cet artifice pour accroître leur audience, ainsi que la plupart des publicistes pour vendre leurs produits.

Ces gestes miment l'acte sexuel ou attirent l'attention vers les parties du corps plus précisément sexuées. Les mains passent sur le sexe ou les seins, la cambrure des reins, évoquant une caresse. J'aime beaucoup les parodies de Weird Al Yankovic, comme dans « Like a surgeon » (vers la fin du clip), qui rendent ces gestes de tentatrice très drôles !

Comment empêcher l'enfant d'entrer dans une séduction malsaine ?

Il est nécessaire pour que le message passe de ne pas faire de « remarques » aux enfants et adolescents, surtout en public. Les remarques sont vécues comme des réprimandes, des brimades.

De nombreuses jeunes filles pensent que leurs parents ne veulent pas qu'elles soient heureuses. Ou croient percevoir une rivalité chez leur mère, en prise à leur image physique mature, ce qui est parfois le cas.

Voir votre enfant, et le plus souvent votre fille dans une attitude de séduction malsaine, peut provoquer en vous de la colère, de la honte ou de la peur. Ces émotions vous signalent que quelque chose ne va pas et qu'il est nécessaire d'y remédier. Mais il est essentiel de ne pas agir à chaud, de prendre le temps d'observer son enfant. N'abordez votre enfant sur ce sujet que dans un cadre un peu formel, un dîner en tête à tête par exemple, ou seul(e) avec l'enfant dans sa chambre, et lorsque vos émotions seront calmées. En cas d'urgence, si par exemple votre fille s'apprête à sortir pour une soirée et que vous la découvrez dans une tenue trop provocante, il vaut mieux annuler la soirée sous un prétexte de dernière minute. Ou lui dire, simplement et factuellement, qu'il n'est pas question qu'elle sorte ainsi parce que cela vous inquiète. Ne jamais employer de mots vulgaires pour convaincre votre enfant. Bannir toute phrase du genre : « Tu as l'air d'une traînée ! », « Tu fais vulgaire ! » ou « Tu as vu de quoi tu as l'air ? » Il ne s'agit pas de blesser mais de faire passer votre message. **Moins vous vous indignerez, moins vous crierez, plus vous parlerez posément, et plus vos conseils porteront. Exprimez simplement votre inquiétude.**

La différence entre plaire et séduire est une notion difficile. Si la discussion est habilement menée, la plupart comprendront qu'elles souhaitent simplement plaire.

Intéressez-vous à votre enfant ! Demandez-lui ses espérances, dites-lui que vous les comprenez. Montrez de la chaleur et de la légèreté.

Dans la plupart des cas, le changement ne se fera pas instantanément, car les ados n'aiment pas les conseils, mais vous pouvez espérer voir le comportement doucement se modifier.

Pour montrer votre bonne foi, proposez de l'aider à se mettre physiquement en valeur. On peut faire plaisir aux enfants selon ses moyens : offrir un relooking, des vêtements à la mode et pas forcément chers, une coupe de cheveux, des bijoux fantaisie, chercher ensemble des modèles d'actrices qui sont à la fois charmantes et non sexuellement directement provocantes. Aidez votre ado à trouver son image, son style. Cet accompagnement de la transformation de l'image physique, de l'enfance à l'adolescence, est capital pour la sécurité. Et votre enfant sera enchanté de se sentir accepté dans l'émergence de sa sexualité.

Au niveau du comportement, pour accroître l'aisance, pour éviter que l'enfant ne se fige dans une posture qu'il singe, il peut être bon de proposer un cours de danse, de théâtre ou d'expression corporelle.

Le message à faire passer à votre enfant est que vous le voulez séduisant mais non séducteur, que vous lui souhaitez le bonheur en amour et non d'être traité comme un objet.

Cet échange peut aussi vous amener à vous remettre en question comme modèle. De nombreux adolescents font des raccourcis : « Papa t'a quittée parce que tu n'étais pas assez sexy ! », « Maman est partie parce que tu as l'air d'un beauf et que tu n'es pas drôle ! » En thérapie, les adolescents expriment souvent leur désapprobation envers les parents qui ne prennent pas physiquement soin d'eux -mêmes : « Ma mère est grosse, pas féminine, elle ne se maquille jamais ! », « Mon père se moque de son apparence, c'est un vieux dégoûtant avec son gros ventre ! » A l'inverse, ils disent aussi qu'ils n'aiment pas lorsque leurs parents sont séducteurs à outrance : « Ma mère s'habille comme si elle avait mon âge ! »

Vous pourrez en concevoir de la souffrance ou un sentiment d'injustice. Ces remarques ne sont pas forcément entièrement fausses et peuvent être un challenge intéressant. Toutefois, c'est l'occasion d'évoquer la complexité de l'amour, de témoigner de ce que vous avez vécu, d'enseigner que l'attitude de séduction n'est pas tout car il existe de nombreux paramètres dans une vie de couple.

Pour les garçons, je dirais que le problème est presque inverse concernant leur propre personne. Il est important de leur montrer qu'il est nécessaire de prendre soin de soi, d'avoir une apparence agréable, que les filles y sont sensibles. Surtout insister sur l'hygiène.

Je me souviens qu'ado, j'avais éconduit un

garçon très mignon parce qu'il avait les dents pleines de dépôts.

J'ai eu aussi à expliquer l'hygiène ou la tenue vestimentaire à de nombreux jeunes hommes qui venaient consulter parce qu'ils n'arrivaient pas à aboutir avec les filles. Ils s'accablaient sur leur peu de séduction naturelle, lorsque de simples détails repoussaient les jeunes femmes. Toutefois de nos jours, la plupart des garçons sont presque aussi coquets que les filles.

Pour conclure, la séduction constitue un aspect important des risques entrainant des blessures émotionnelles pour l'enfant et il est bon de ne pas la confier au hasard.

Comment prévenir ?

La sexualité peut être belle, épanouissante, drôle, comme laide et avilissante. Souvent elle se situe quelque part entre les deux.

La sexualité et l'amour sont aujourd'hui considérées possiblement comme des addictions, parce qu'on sait clairement qu'il existe une réelle dépendance aux hormones déclenchées par le désir.

On peut cesser de fumer, de s'alcooliser, mais on ne peut traverser sa vie sans sexualité car la sexualité nous traverse. Même si elle n'est pas vécue dans des rapports sexuels.

Comme il est hors de question et irréaliste d'interdire à son enfant la sexualité, l'enjeu est de l'aider à trouver l'équilibre dans cette pulsion puissante.

Le seul moyen est le dialogue, comme nous l'avons maintes fois souligné dans ce livre.

Le dialogue doit faire prendre conscience de ce qui va être bon pour l'enfant et de ce qui lui sera préjudiciable.

Je sais que pour de nombreux parents, il est difficile d'aborder cette question avec l'enfant, à cause du tabou de l'inceste. Et par ailleurs les enfants peuvent être mal à l'aise de parler de sexualité avec leurs parents. Les imaginer avec une vie sexuelle leur est profondément désagréable.

Néanmoins, il est impératif que ce dialogue existe.

Il peut se faire avec un thérapeute, un médecin, quelqu'un de la famille un peu plus proche et qui accepte de s'y « coller », par exemple une amie de confiance qui aurait des enfants du même âge. L'entrée en matière peut être : « J'ai remarqué que..., veux-tu bien qu'on en parle ? » ou « Ta maman semble s'inquiéter de..., acceptes-tu d'en discuter avec moi ? »

Mais ultimement, nul autre que vous ne pourra suivre votre enfant au fil des années et aux différentes étapes de son développement.

Dans mon cabinet de thérapie, je laisse toujours un livre qui explique la sexualité aux petits. Et je trouve souvent enfants, adolescents et adultes en train de le feuilleter. C'est l'occasion pour moi de leur demander s'ils aimeraient me poser des questions sur ce sujet.

Devant le danger que représentent internet et les chaînes de télévisions et sachant que votre enfant y sera forcément exposé, chez vous ou chez des amis, il est urgent de réagir. La communication, ouverte et chaleureuse, entre le parent et son enfant, est non seulement aujourd'hui incontournable mais **la seule protection efficace.**

Tournantes, agressions, abus sexuels, masturbation compulsive, images choquantes... **Comment croire une seconde que nos enfants traverseront indemnes ces multiples « sollicitations » ?**

Il faut aussi réfléchir à la solitude de l'enfant. Que se passe-t-il lorsque nous sommes absents toute la journée et que l'enfant est livré à lui-même ? Le phénomène du travail des femmes et de leur absence du foyer s'est doublé de matérialisme. On préfère s'acheter une nouvelle télé, que de prendre une baby-sitter après l'école.

La culpabilité des femmes qui travaillent, induit par ailleurs des comportements dans lesquels la mère se met à faire couple avec l'enfant qu'elle n'a pas vu de la journée, et à délaisser son rôle d'épouse. L'enfant n'est plus à sa place et il arrive même qu'il dorme dans le lit parental. Entretenir ainsi l'Œdipe n'est pas sain et risque d'inhiber sexuellement votre enfant.

Les pères, ou beaux-pères, ont parfois un comportement futile. Plutôt que d'assumer le travail de la maison et les enfants, et permettre ainsi à leur couple de pouvoir s'épanouir plus tard dans la soirée, ils s'assoient devant l'ordinateur, pour, au mieux, jouer à des jeux vidéo ou faire des achats. Au pire, pour chatter ou surfer sur des sites de rencontre ou explorer des images pornos…On sait pourtant que les hommes qui partagent le travail de la maison avec leurs femmes, obtiennent d'elles plus de relations sexuelles et sont donc plus épanouis.

La sexualité doit se parler depuis le plus jeune âge de l'enfant, et chaque fois qu'une occasion se présente.

Un bébé nait : « Tu sais comment les bébés viennent au monde ? »

La chatte ou la chienne accouche, l'enfant peut observer et l'on peut dire que c'est la même chose pour les femmes. Une scène un peu érotique à la télé peut être commentée plutôt que d'éteindre simplement le poste. Il tombera dessus quand vous ne serez pas là.

Une proposition porno s'affiche sur internet et c'est le moment d'expliquer de quoi il s'agit et que l'enfant doit se protéger.

Le grand frère semble s'exciter sur une image sensuelle de la télé, ou un commentaire érotique, et il faut alors dire que les garçons peuvent parfois se laisser emporter par leurs pulsions.

Les opportunités ne manquent pas de donner

votre point de vue et d'expliquer.

Par contre, il est bon de privilégier l'éveil de la sexualité saine : les premiers émois, les découvertes du corps, évoquer la masturbation naturelle et signaler que parfois elle peut devenir compulsive quand on va mal.

Comme je l'ai écrit plus haut, j'encourage les parents à permettre aux adolescents d'avoir une sexualité à la maison. Ne vaut-il pas mieux qu'ils amènent leur partenaire dans la chambre, plutôt que d'avoir des rapports dans n'importe quelles conditions ? Vous aurez ainsi l'occasion de pouvoir discuter de leurs relations et de la contraception.

N'émettez pas de jugement de valeur sur l'amoureux ou l'amoureuse, mais éventuellement des réserves. Dans tous les cas surveillez l'épanouissement de votre enfant.

Bruno Bettelheim[20] avait écrit un ouvrage à l'usage des parents : *Pour être des parents acceptables*[21]. J'aime ce titre. Il est décourageant pour le jeune parent plein d'illusions, et réconfortant pour ceux qui ont traversé toutes les

---

20 Bruno Bettelheim, 1903-1990, psychanalyste et pédagogue, directeur de l'Ecole d'orthogénie de l'Université de Chicago.
21 Bruno Bettelheim, Robert Laffont, Paris 1998, (1987).

vicissitudes de l'éducation d'un enfant.

Nous ne serons jamais des parents parfaits pour nos enfants. Mais nous pouvons être des parents acceptables. La clé en est le dialogue.

Quoi qu'il se passe, quoi qu'il arrive, si vous avez permis que les choses puissent être pleinement dites, discutées, exprimées, vous aurez été des parents acceptables.

Et le cœur peut alors se réjouir, l'amour circuler ou être retrouvé.

Table des matières